法治政府系列丛书

PROCEEDINGS
OF
THE
CHINA
LAW-BASED
GOVERNMENT
AWARD

中国法治政府奖集萃

中国政法大学法治政府研究院◎主编

（第五届）

社会科学文献出版社
SOCIAL SCIENCES ACADEMIC PRESS (CHINA)

编 委 会

主　任：马怀德

副主任：王敬波

委　员：高　姗　周佳臻　朱伟嘉　金　侠

　　　　廖　萍　李雪莹　吕玥媛

前　言

　　为了贯彻落实党和政府关于法治政府建设的重要精神，总结推进依法行政、建设法治政府的有益经验，客观评价、推广法治政府建设的重要成果，提高行政机关依法行政的能力和水平，中国政法大学法治政府研究院于2010年发起设立"中国法治政府奖"。"中国法治政府奖"是中国第一个由学术机构发起设立，依据科学的评选标准和公开的评选程序对各级机关在依法行政、建设法治政府方面的制度和措施进行评价的奖项。

　　迄今为止，本项目已成功举办了五届，共收到了全国各参评单位提交的277项申报项目，地域覆盖全国30个省、自治区和直辖市，级别涵盖自国务院部门到乡镇政府等各级机关。"中国法治政府奖"组委会组织了来自全国人大常委会法工委、国务院法制办、最高人民法院、最高人民检察院、中国行政管理学会、北京大学、中国人民大学、中国社会科学院法学所、中国政法大学等单位的著名专家和学者组成初评及终评委员会，共推荐了119个入围项目。经过初评、公示、核查和终评程序，共评选出56项"中国法治政府奖"和63项"中国法治政府奖提名奖"。基本实现了博采法治精粹、共襄法治盛举的初衷。

　　为了促进"中国法治政府奖"的发展与完善，扩大获奖项目的社会影响力，推进中国法治政府建设事业和中国法治文明进步，现将第五届"中国法治政府奖"入围终评的31个项目的总体介绍编入《法治政府系列丛书》，继《中国法治政府奖集萃（第一至四届）》后再次集结出版。为各级政府在建设法治政府领域取得的重要成果提供宣传平台，为全国各级各地政府互相学习、借鉴法治政府建设中的先进经验提供素材。

法治中国的建设离不开法治工作者，法治政府评估工作能够在几年内取得这样的进展离不开个地方政府法制办工作人员的大力支持和课题组辛勤地付出。进入新时代，法治政府建设的指标体系将不断地调整，法治政府建设面临着很多的新课题，需要实务界和学术界共同努力。（感谢各参评单位为本次出版提供的文字和图片）

目 录

第五届"中国法治政府奖"获奖名单

第五届"中国法治政府奖"

浙江省人民政府法制办公室

"最多跑一次"改革

河北省人民政府法制办公室

河北省全面推行行政执法三项制度改革

芜湖市交通运输局

新经济考验新担当　新监管助力新业态——芜湖市网约车治理改革工作

上海市人民政府法制办公室

出庭旁听讲评"三合一"　提升行政机关负责人出庭应诉制度成效

东莞市人民政府

构建"一平台三工程"市场监管体系——东莞市深化商事制度改革创新实践情况介绍

义乌市人民政府办公室

义乌市"无证明城市"项目集萃

广州市人民政府法制办公室

《广州市依法行政条例》

云南省人民政府法制办公室

云南省行政规范性文件制定标准与备案审查制度体系

甘肃省人民政府法制办公室、临夏市人民政府

临夏市"以地为主、兼顾房屋"征地拆迁补偿模式

中共深圳市坪山区委政法委员会（司法局）

构建公共信用信息应用新机制 助推法治政府和诚信坪山建设

南京市城市管理局、南京市人民政府法制办公室

南京市城市治理法治化的创新实践

佛山市人民政府

以服务模式创新促行政权力规范高效运行—— 广东省佛山市"一门式一网式"政府服务模式改革

上海市黄浦区人民政府半淞园路街道办事处

业委会法治评估体系的研究与实践

宁波市人民政府法制办公室

发布全国第一个《行政机关合同审查指南》地方标准规范

内蒙古鄂尔多斯市鄂托克前旗人民政府

基层法治政府建设中的"大部制"改革

第五届"中国法治政府提名奖"获奖名单

第五届"中国法治政府提名奖"

北京市人民政府法制办公室

北京市行政执法信息服务平台

广州市越秀区人民政府

从全覆盖到个性定制，打造专业化精细化政府法律服务的社会治理新模式

天津市审计局

构筑大数据审计监督"一张网"以审计之力助推法治政府建设

苏州市人民政府法制办公室

重大行政决策目录化管理与网上运行工作

厦门市规划委员会、厦门市法制局

打造多规合一厦门样本　深化审批制度改革创新

深圳市大鹏新区管理委员会

深圳市大鹏新区生态文明建设全链条法治化改革

洛阳市城市生活垃圾费征收管理中心

洛阳市城市生活垃圾处理费征收管理办法修订及征收方式改革

四川省成都市双流区西航港街道办事处

打包一篮子法治资源 破解基层治理难题 —— 成都市双流区西航港街道法治建设委员会项目

浙江省人民政府法制办公室

一 项目的主要内容

"最多跑一次"改革是浙江省委、省政府深入贯彻习近平总书记"以人民为中心的发展思想"的重大安排，是推进法治政府建设、打造人民满意的服务型政府的重要举措，是一场从理念、制度到作风的全方位深层次变革，是中国特色社会主义法治建设在浙江推进治理体系和治理能力现代化过程中的具体实践。

"最多跑一次"改革坚持放、管、服并重，着力于实现放、管、服三个环节的有机衔接。在办事服务方面，"最多跑一次"是指群众和企业到政府办理"一件事情"，在申请材料齐全、符合法定受理条件时，做到从

受理申请到形成办理结果全过程只需要一次上门或零上门。在群众咨询投诉方面，"最多跑一次"是指建设统一政务咨询投诉举报平台，建立"统一接收、按责转办、限时办结、统一督办、评价反馈"工作机制，做到"一号响应"群众诉求。在执法监管方面，"最多跑一次"是指减少多头执法、重复检查，形成"部门联合、随机抽查、按标监管"的"一次到位机制"，既杜绝监管失职，又防止监管扰民。

"最多跑一次"改革想群众之所想、急群众之所急，是一场涵盖简政放权、制度创新、政务协同、流程优化、技术革新、法治保障等方面的政府自身革新。其基本路径如下。

一是从群众角度界定"一件事情"。分批梳理公布"最多跑一次"事项，以群众眼中的"一件事情"为标准，整合归并相关事项，推进一件事情全流程最多跑一次的目标实现。

二是推行"一窗受理、集成服务"。推动群众办事从"找部门"到"找政府"转变。以加强市、县行政服务中心建设为基础，推进部门承担审批和服务职能的处、科、股向行政服务中心集中，改造设置为综合窗口，全面推行"前台综合受理、后台分类审批、综合窗口出件"的政务服务新模式，推行审批和服务标准化，以标准化、规范化促进审批和服务流程再造，广泛采取审批事项代办制，推行企业投资项目承诺制，让"群众跑"变成政府工作人员后台跑。

1 一窗受理、集成服务

2 一网申请、快递送达

3 一号咨询、高效互动

后台：
"一张网"的全面支撑

智能客服——咨询尽量不跑
网上预审——补件尽量不跑
电子申请——申报尽量不跑
电子证照——材料尽量少交
快送送达——取件尽量不跑
数据共享——跨部门尽量少跑

三是推进"互联网+政务服务"。省政府成立省数据管理中心，依托浙江省政务云平台建设大数据处理中心，制定数据资源采集、应用、共享等标准规范，归集各部门数据后形成共享系统，让数据多跑路、让群众少跑腿甚至不跑腿。依托浙江政务服务网，建成集全省人口、法人单位、自然资源、空间地理和宏观经济等于一体的基础信息数据库，建成"12345"统一政务咨询投诉举报系统、行政审批服务系统、行政执法（监管）系统和基层治理综合信息系统，对办事事项数据进行"全打通、全归集、全共享、全对接"，力推群众办事通办、即办和秒办。

四是推进"最多跑一次"改革向事中事后监管延伸。联动推进行政审批制度改革、综合行政执法体制改革和社会信用体系建设，探索智慧监管、信用监管、审慎监管，全面推行"双随机、一公开"监管，构建"事前管标准、事中管达标、事后管信用"的监管体系。同步加强基层综合治理、市场监管、综合执法、便民服务"四个平台"建设，推进监管力量下沉，承接"最多跑一次"改革在基层落地。

截至 2018 年 1 月底，省级"最多跑一次"事项达到 665 项，设区市级平均达到 755 项，县（市、区）级平均达到 656 项，省市县 50% 以上的事项开通了网上办理，全省"最多跑一次"实现率达到 87.9%，办事群众满意度达到 94.7%。

二　项目发起的动因和背景

习近平总书记指出：要把以人民为中心的发展思想体现在经济社会发展各个环节，做到老百姓关心什么、期盼什么，改革就要抓住什么、推进什么。2016 年下半年，时任浙江省委副书记、代省长车俊同志在基层调研走访时，了解到群众和企业对我省近年来大力推进简政放权和建设"四张清单一张网"等政府自身改革给予充分肯定，同时又反映现实中还不同程度地存在"办事难、办事慢、多头跑、反复跑、投诉难"等问题，希望进一步加大政府自身改革力度。省委省政府坚决贯彻中央要求，及时反映群众需求，在现有良好工作的基础上，大力推进"最多跑一次"改革，切实增强人民群众对政府自身改革的获得感。

1."最多跑一次"改革，秉承于中央有关"放管服"的部署和要求，展现了"一任接着一任干、一张蓝图绘到底"的责任担当和工作风貌。浙江省委省政府牢记践行习近平总书记在浙江提出并实施的"八八战略"，结合浙江实际，不断推进和深化机关效能建设，深入贯彻中央"放管服"改革要求，在全国率先推行"四张清单一张网"（权力清单、责任清单、企业投资负面清单、财政专项资金管理清单和政务服务网），实现政府管理清单化。大力削减行政审批事项，全省公告执行的行政许可事项从 2013 年初的 1617 项减少至目前的 734 项，削减 54.61%；省级实际执行行政许可事项从 2013 年初的 706 项减少到 239 项，削减率达 66.15%。率先全面取消非行政许可审批事项，按照"能放则放、应放尽放"原则，分 5 个批次向各设区、县（市、区）或者部分地域下放 169 项省级行政许可事项，下放率达 55.8%。这一系列持续的简政放权浙江举措、浙江样本为"最多跑一次"改革奠定了坚实的工作基础。

2."最多跑一次"改革，立足于老百姓的角度和立场，始终坚持需求导向、问题导向、效果导向。2016年底，在全省经济工作会议上，浙江省委省政府提出实施"最多跑一次"改革，使用的是老百姓通俗易懂的语言，追求的是老百姓的评价口碑和"用户体验"。"最多跑一次"改革的第一步，就是从群众反映最强烈、企业反映最难办的办事事项入手，推行"两集中、两到位"，将原来按部门职能分设的窗口整合为投资项目审批、商事登记、不动产交易登记、医保社保、公安服务等综合窗口，引导群众只需进行政服务中心"一个门"，到综合窗口"一个窗"就能把"一件事"办成。"最多跑一次"改革是遵循整体政府的理念，着力破解政府碎片化问题，着力消除部门推诿扯皮现象，建立统一的政府服务前台系统，整合和优化政府部门内部办事流程，助推放、管、服三者环环相扣，从而不断提升群众和企业的改革获得感。

3."最多跑一次"改革，根植于浙江这片改革热土，是浙江经济社会发展的内在规律和现实要求。浙江作为市场经济先发地区，市场发育相对成熟，政府与市场、企业、社会的关系问题往往更早遇到，需要更早作思考和破题。经济基础决定上层建筑，市场经济的本质是法治经济。早在2006年，十一届省委就作出了建设法治浙江的决定，明确将建设法治政府作为首要任务，要求政府切实转变职能，不断创新行政管理方式，建设人民满意的法治政府和服务型政府。"最多跑一次"改革，是浙江深入贯彻习近平新时代中国特色社会主义思想和党的十九大精神、全力践行习近平总书记对浙江工作提出的"干在实处永无止境，走在前列要谋新篇"等指示要求的担当之举，是在浙江要打造"审批事项最少、办事效率最高、政务环境最优、群众和企业获得感最强的省份"这一目标导引之下，基于浙江的经济社会发展客观实际，不断将"放管服"改革往纵深推进的奋力探索。

三 项目对实现法治政府建设目标的意义

《法治政府建设实施纲要（2015—2020 年）》指出，"到 2020 年基本建成职能科学、权责法定、执法严明、公开公正、廉洁高效、守法诚信的法治政府"。率先实现法治政府建设目标，是浙江省委、省政府作出的重大决策和庄严承诺。党的十九大报告强调，要深化依法治国实践，建设法治政府，推进依法行政。"最多跑一次"改革是一场刀刃向内的政府自身改革，是在法治的框架内，整合政府职责职能，规范和优化政府管理办事服务流程，打通法治政府和人民满意的效能型、服务型政府的内在勾连，对实现法治政府建设目标起到规范、引领、促进和保障作用。

1. "最多跑一次"改革的价值取向推动法治政府建设目标实现。省政府以"减层级、减事项、减材料、减环节"为抓手，制定省级标准《政务办事"最多跑一次"工作规范》，彰显了"最多跑一次"改革以建设人民满意的服务型政府为根本宗旨。"最多跑一次"改革，从与群众和企业的生活生产过程中密切联系的办事事项入手，一件一件梳理，按照方便老百姓办事的整体政府理念，优化政府管理和服务，推行"一窗受理、一网通办、一号响应"，给群众和企业提供看得见、摸得着的体验式服务。中国特色社会主义的法治政府建设与人民满意的服务型政府构建是辩证统一的，法治政府建设目标最终是实现人民权益依法保护；人民满意的服务型政府也只有在法定权限内、法定程序中行使职权、履行职责，才能为社会提高优质、高效、持续的各类服务。

2. "最多跑一次"改革的主要内容和法治政府建设相互作用、同向而行。"最多跑一次"改革以简政放权为前提，是浙江行政审批制度改革和"四张清单一张网"的再推进、再深化，其出发点是为了厘清政府与市场、政府与社会、政府与企业的边界，这与法治政府建设要求的"职能科学、权责法定"是完全吻合的。"最多跑一次"改革强调改造政府传统办事流程，依法削减和清理群众和企业各类办事证明，充分利用互联网思维创新管理服务模式，利用信息化技术、公开公示等手段，倒逼公正办事、高效办事、诚信办事，这与法治政府建设要求的"公开公正、廉洁高效、守法诚信"是完全吻合的。在 2017 年的全省法治政府建设考核内容中，我省将"'最多跑一次'改革推进情况"纳入"省委省政府中心工作推进情况"指标，权重 6 分，对设区市和省直机关进行考核评价，体现了法治建设和经济社会发展的有机结合。

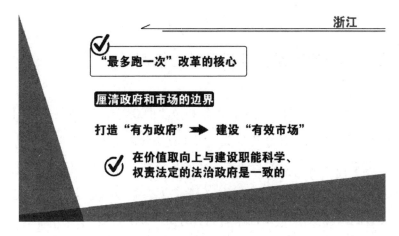

3."最多跑一次"改革的基本路径体现了"在法治下推进改革，在改革中完善法治"的总体思路。从梳理办事事项开始，"最多跑一次"改革严格按照法治政府建设要求的"目的合法、权限合法、内容合法、手段合法、程序合法"要求，优化办事流程，加强制度供给，实现依法保障。针对行政服务中心"一窗受理、集成服务"改革后如何确定受理主体问题，我们根据《行政许可法》《浙江省行政程序办法》等规定，提出法律意见。针对公共数据和电子政务的管理应用与安全保障问题，我们以省政府规章的形式出台了《浙江省公共数据和电子政务管理办法》，确立电子签名、电子证照等法律效力，确保网上办事于法有据。针对群众和企业反映的"证明多、证明乱"等问题，我们组织开展专题集中清理，动态发布《浙江省各级各部门需要办事群众（企业）提供的证明目录》，明确"没有法律、法规、规章依据，一律不得要求出具证明"。针对"放管服"和"最多跑一次"改革进程中因行政主体适格等问题引发的行政争议，我们在全国率先推行行政复议体制改革，由政府集中行使复议职权，设立行政复议局"一口对外"，方便人民群众行使复议权利，强化改革后各类法律风险的防范。2018年，为依法保障"最多跑一次"改革，浙江省人大常委会已将省政府提议的《浙江省保障"最多跑一次"改革规定》纳入年度立法计划，由我办具体负责起草。

四　项目的受益者及其受益的情况

一是"最多跑一次"改革让群众和企业的获得感大大提升。2017年6月和10月，浙江省社会科学院、浙江省统计局作为第三方评估机构开展了"最多跑一次"改革满意度两轮专项评估。评估采用过程评价与结果评估、定性分析与定量评估、特定服务对象调查与社会舆情大数据分析相结合的方式，共采集调查样本64.4万余个。第二轮评估采用星级评定，由企业和群众按五星至一星对办事过程进行评价，评估结果显示：企业和群众对"最多跑一次"改革好评度达到100%，办事体验给予五星、四星好评的比例高达95.8%；"最多跑一次"改革实现率（实现"一次办结"的比例）、满意率（对"最多跑一次"改革成效给予满意、比较满意评价的比例）分别达到87.9%和94.7%。

二是"最多跑一次"改革培育浙江改革发展新动能。"最多跑一次"改革以更好地发挥政府作用为着力点，聚焦于把该管的事管好，把该放的权放到位，使市场在资源配置中真正起到决定性作用，激发了全社会创业创新活力，截至2018年1月，全省在册市场主体达到593.4万户，境内外上市公司507家。在"最多跑一次"改革的撬动下，浙江不断深化供给侧结构性改革，推进政府治理体系和治理能力建设，进一步完善现代产权制度，推动国有资产管理体制改革，推进公共服务体制、社会保障体制改革，推进优化营商环境，增创浙江经济社会发展新优势，推动浙江经济社会领域大发展。2017 年，浙江生产总值达到 51768 亿元，增长 7.8%，财政总收入达到 10300 亿元。

三是"最多跑一次"改革助推法治政府建设的成效非常明显。2017 年推行"最多跑一次"改革以来，我省法治政府建设的整体水平相应得到提升，经法治政府（依法行政）建设考核评价，设区市政府和省级部门总体得分均高于往年，社会满意度测评得分上升 4.44 分。其中，在全省率先开展行政审批"一窗受理、集成服务"改革试点城市衢州市，"最多跑一次"改革如火如荼推进，2017 年该市"最多跑一次"改革的实现率、群众满意率分别达到 97.3%、97.2%，均列第一，该市法治政府（依法行政）建设考核评价得分列第一。在中国政法大学法治政府研究院发布的《中国法治政府发展报告（2017）》中，纳入评估的我省杭州、宁波、温州、台州 4 个市均位居前列，其中杭州、宁波分别列第二、第六。

五　项目之前已经获得的其他荣誉

2018 年 1 月 23 日，在中央全面深化改革领导小组第二次会议上，专题审议《浙江省"最多跑一次"改革调研报告》，对我省"最多跑一次"改革给予充分肯定。会议指出，党的十八大以来，浙江等地针对群众反映突出的办事难、投诉举报难等问题，从优化审批流程入手，推动实施"最多跑一次"改革，取得积极成效。

2018 年 3 月 5 日，在十三届全国人大一次会议开幕大会上，李克强总理作政府工作报告时指出，深入推进"互联网＋政务"服务，使更多事项在网上办理，必须到现场办的也要力争做到"只进一扇门"、"最多跑一次"。"最多跑一次"改革写入政府工作报告,这是中央对"最多跑一次"改革又一次充分肯定。

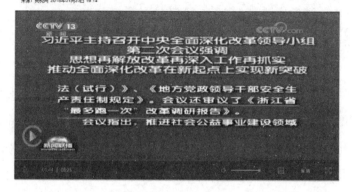

2018 年 4 月 24 日,在首届"'数字中国'建设年度最佳实践推介"活动中,经国家电子政务专家委员评审,浙江提供的《数据跑路办事"最多跑一次"》入选"数字中国"建设年度最佳实践成果。

2018 年 5 月 23 日,中共中央办公厅、国务院办公厅印发了《关于深入推进审批服务便民化的指导意见》,浙江省"最多跑一次"改革的许多做法被吸收采纳。《指导意见》的附件 1 列明《浙江省"最多跑一次"经验做法》。

2018 年 5 月 28 日,浙江省委和《求是》杂志社共同举办"最多跑一次"改革理论研讨会。《求是》杂志社社长李捷和魏礼群、方江山、张英伟、石亚军、房宁、景跃进、杨开峰、郁建兴等来自省内外的 8 位知名专家对"最多跑一次"改革进行了理论研讨,高度肯定"最多跑一次"改革取得的一批实践成果、制度成果和理论成果。

河北省全面推行行政执法三项制度改革

河北省人民政府法制办公室

一 项目的主要内容

按照党中央、国务院改革部署，河北省被确定为全国唯一在省、市、县三级执法部门同时推行行政执法公示制度、执法全过程记录制度和重大执法决定法制审核制度（以下统称三项制度）改革试点单位。与其他试点单位相比，河北三项制度改革有以下几个显著特征：一是改革层级最全，全省省、市、县三级执法机关同时推行三项制度；二是改革执法领域最广，改革涉及全省全部50余类执法领域；三是改革执法主体最多，我省6000余个执法主体全部参与此项改革。河北的三项制度改革，为2018年全国全面推开三项制度，从组织推动和具体实施两个层面，都提供了可借鉴的方法和路径。

（一）加强组织领导，三项制度改革试点工作强力推进

1.领导重视程度高，主要领导亲自挂帅。省长担任推行三项制度改革试点领导小组组长、常务副省长任执行组长、主管副省长任副组长，各市县及其部门均成立由主要领导任组长的组织领导机构，全力推进试点工作。我省《试点实施方案》，从省政府常务会议到省委深改组会议，再到正式印发，前后仅用7个工作日，时任省长亲自作试点动员讲话。

2.注重顶层设计，协调统一推进改革试点工作。改革试点采取省级

先行、地市跟进的推进思路，充分发挥省级执法机关的整体调动能力，根据全省统一的时间进度，省级执法机关先行按照省政府三项制度进行细化后，地市执法机关再按照省级执法机关细化的制度进行再细化，有效避免了基层制定的制度不统一、不协调，做到了制度衔接同步实施，有利于形成改革工作合力。三项制度同时推进，使三项制度推行过程中统一、协调，防止行政资源的浪费，有助于形成改革合力，提高改革效率。同时，我省的这种推进方式为全国在省、市、县三级各领域推行三项制度提供了基本路径模板。

3. 强化督导培训，加大推进力度。将推行三项制度不到位列为"一问责八清理"专项行动重点清理事项，共发现、通报问题 9614 个，并对有关人员进行问责。按照推进进度安排，由省委改革办、省法制办会同有关部门，对各地各部门改革进展进行督察，并制发通报。为保证改革任务顺利推进，我省还建立了月报告、月通报制度，实行台账工作法，每月通报各地各部门工作进展，有效保证了改革进度，为全国推进三项制度提供了借鉴和参考。

（二）加强制度建设，形成了完善的制度体系

为确保三项制度建设有章可循，着力加强制度建设顶层设计，采取省级先行、市县跟进的方式，构建了"1+2+3+4+5"制度体系，实现三项制度在各级执法部门全覆盖，省、市、县各执法领域推行三项制度都能在河北找到制度模板。

1. 印发一个试点方案。省政府出台《试点实施方案》作为改革统领，各地各部门分别制定具体工作方案，为改革全面推进提供时间表、路线图和任务书。

2. 制发两个配套文件。印发《河北省行政执法音像记录设备配备办法》《关于加强法制审核队伍建设的通知》，明确音像记录设备和法制审核人员配备标准，为落实全过程记录制度和重大执法决定法制审核制度

提供设备及人员保障。

构建"1+2+3+4+5"制度体系

3. 出台三个办法。印发了《河北省行政执法全过程记录实施办法》、《河北省重大执法决定法制审核办法》、《河北省行政执法公示办法》，为执法人员执行三项制度提供基本遵循。各级行政执法部门分别制定了三个办法的具体办法。

4. 编制四类文本。各级执法部门编制《执法流程图》、《重大执法决定法制审核流程图》、《执法服务指南》和执法文书样本，为实施三项制度提供程序指南。

5. 制作五项清单。各级执法部门制作《执法事项清单》、《执法人员清单》、《音像记录事项清单》、《随机抽查事项清单》、《重大执法决定法制审核事项清单》，为实施三项制度提供操作准则。

将三项制度有关要求写入《河北省优化营商环境条例》、《河北省行政执法监督条例（草案）》，以立法形式固化改革成果，形成长效机制。

（三）强化三项制度实施，执法面貌焕然一新

1. 行政执法公示方面。各级执法人员在执法过程中主动出示或佩带执法证件，各类办事大厅、服务窗口主动公示执法信息，依托政府或部

门门户网站，2017年专门新建立行政执法公示专栏5118个，及时向社会公开行政执法主体、人员、职责、权限、随机抽查事项清单、依据、程序、监督方式、救济渠道和执法结果等信息。为提升执法公示信息化水平，我省着力打造全省行政执法信息服务平台，将其纳入河北省"互联网＋政务服务"体系一体谋划、一体建设。目前，该平台已经正式投入使用，实现全省执法信息的自动生成、自动归集、即时推送和集中公示。

2. 行政执法全过程记录方面。各级执法部门编制《音像记录事项清单》、《执法流程图》和执法文书样本等，全省共新配置执法记录仪25070台，手持执法终端10963台，无人机157台，摄像机、照相机等其他设备19609台。严格按照案卷制作标准，以文字、音像等方式，对立案、调查、取证、审查、决定、送达、执行等执法活动进行全过程记录。特别是城管、市场监管、环保等系统充分发挥全过程记录信息在舆情应对等工作中的作用，收到很好的效果。

3. 重大执法决定法制审核方面。各级执法部门通过编制《重大执法决定法制审核目录清单》、《重大执法决定法制审核流程图》，积极配足配强法制审核人员，使法制审核工作制度化，做到了凡是重大执法决定都必须进行法制审核，未经法制审核或审核未通过的，不得作出决定，有效保证了重大执法决定的合法适当，守住了法律底线。

（四）坚持可复制可推广，为全国全面推开三项制度提供经验支持

1.2017年9月，全国行政执法三项制度中期推介会在河北召开，我省向全国介绍了经验做法，原国务院法制办专门给省政府发来感谢信，对我省三项制度改革取得的成绩表示肯定和感谢。此外，北京、辽宁、黑龙江、江苏、内蒙古、贵州、广西、河南等22个省市到我省考察学习三项制度，我们也应邀赴辽宁、广西等地介绍经验。中央人民政府网、人民网、法制日报等国家级媒体先后23次对我省三项制度改革成效进行了广泛报道。

全国三项制度中期推介会在河北召开

2.为确保三项制度建设与部门执法实际充分融合，分行政许可、行政处罚、行政强制（强制措施、强制执行）、行政征收（税款征收、房屋征收、土地征收）、行政收费、行政检查及行政确认（工伤认定）等执法行为，编制形成十套《行政执法三项制度指引》（含指引图及文字说明），对如何在各类执法实践中贯彻三项制度作出具体说明，总结形成可复制、可推广的经验模式。

3.积极配合司法部推广三项制度，参与司法部起草全国全面推行三项制度工作的指导意见，我省的多项制度、举措和意见建议写入了全国的指导意见，为全国全面推广三项制度工作提供了经验支持。

国务院法制办党组对我省的三项制度改革工作给予了高度评价，认为河北通过三项制度改革试点起到了很好的示范作用。一是转变了政府

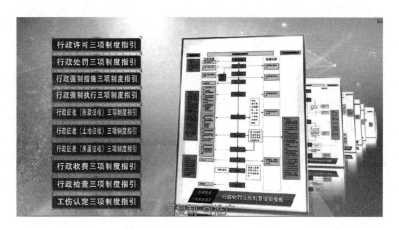

和部门的执法观念；二是形成了一系列制度机制；三是增强了人民群众的感受和获得感。

二　项目发起的动因和背景

行政执法是行政机关最大量的日常行政活动，是实施法律法规、依法管理经济社会事务的主要途径，是实现政府职能的重要方式。近年来，在党中央、国务院的高度重视下，各地各部门不断加强执法规范化建设，执法能力和水平有了较大提高，但是，执法中不严格、不规范、不公正、不文明等问题依然突出，极易引发行政争议，损害群众权益，人民群众反映较为强烈，损害了政府形象、权威和公信力，制约了法治政府建设步伐。

2014年以来，我省在三项制度建设方面提早谋划、主动作为，先后出台《行政执法公开实施方案》、《推行行政执法公示试点工作方案》、《河北省行政执法全过程记录实施办法》、《行政许可案卷标准》、《行政处罚案卷标准》、《行政处罚案卷评查评分细则》、《河北省重大行政执法决定法制审核办法》等制度文件，其中，《河北省行政执法全过程记录实施办法》系全国首创，全省各级执法部门三项制度建设取得一定成效。基于河北制度建设的良好基础，河北省法制办被国务院法制办定为唯一在省域范围内同时推行三项制度的试点单位。目前，《中央全面深化改革领导小组2018年工作要点》已将全面推行行政执法三项制度作为年度重要改革任务，司法部有关全面推行三项制度指导意见正在起草之中，我省三项制度建设进入持续深化拓展阶段。

三 项目对实现法治政府建设目标的意义

行政执法中不严格、不规范、不公正、不文明等问题仍然突出，人民群众反映较为强烈，严重损害了政府的形象、权威和公信力，制约了法治政府建设步伐。全面推行三项制度，聚焦行政执法的源头、过程、结果三个关键环节，对严格规范公正文明执法具有整体性、基础性、突破性作用。

河北省在省市县三级同时推进三项制度改革。第一，推进层级全面，有利于全面彻底实施改革措施。在省市县三个层级全面推行改革，采取省级先行，地市跟进，避免了基层制定制度的不统一、不协调，还为全国在省市县三级各领域行政执法推行三项制度提供了制度模板。第二，完善配套制度，有利于打造形成规范制度体系。通过在省市县三级同时推进三项制度改革，有利于在省级示范指导下，结合各地各部门实际，逐渐完善各地设计的清单等模板以及配套的各项相关制度，能够充分发挥上下、左右之间的纵向横向间的协调指导参与等各种作用，使制定的制度更具针对性和可操作性，有利于形成全省三项制度实施的规范制度体系。第三，制度衔接同步实施，有利于形成改革工作合力。通过同时推进三项制度，能够使三项制度推行过程中统一、协调，防止行政资源的浪费，有助于形成改革合力，提高改革效率。

四 项目的受益者及其受益的情况

经过近一年时间的试点推进，河北省行政执法三项制度建设取得显著成效，行政执法部门执法行为更加严格规范公正文明，人民群众满意度不断提高，政府形象不断提升。

（一）领导干部的法治意识明显提升

随着行政执法三项制度改革的深入推进，党政主要负责人履行推进法治建设有了具体抓手，各级党委、政府和执法部门领导干部对法治的认识从思想上的重视转化到行动上的落实。我们到基层督导调研时，保定市长在脱稿汇报时，就把三项制度概括为"公开、留痕、合法"六个字，充分体现了领导干部对行政执法三项制度的关注，对法治建设认识的提高，观念在转变。市、县政府法制办普遍反映市县主要领导更加重视政府法制工作，通过改革试点为期一年的推进，市一级政府法制机构人员编制增长 49%，就充分证明了这一点。

（二）行政执法透明度明显提高

行政执法公示制度重在打造阳光政府。经过一年的试点推进，各级执法部门网站、各类办事大厅和服务窗口主动公开执法信息已成常态，各级执法人员主动出示或佩带执法证件已成习惯，群众获取执法信息与监督行政机关依法履职更加便捷。2017 年，全省公示事前公开内容 45242项，并基本能够做到及时调整和更新；公示行政执法结果 6732212 个，其中约有 39% 的行政处罚结果实现了执法决定的全文公开。为方便群众查询，全省共有 363 个地方和部门积极创新公示方式，采用微信小程序、APP 等新媒体方式公开执法信息。全省统一行政执法证件，行政相对人只要扫描证件上的二维码就可以查看真伪。还有一些地方和部门，如邯郸市、定州市、平乡县等积极探索"挂证执法"，全程公示执法身份，更加方便群众识别与监督。

（三）行政执法行为更加规范

执法全过程记录制度重在规范执法程序。经过一年的试点推进，河北省执法全过程记录工作不断深入。各级执法部门均结合部门实际编制了《音像记录事项清单》、《执法流程图》、《执法服务指南》和执法文书样本等，为规范执法程序提供了制度支撑。通过对市县执法部门122份行政处罚、行政许可案卷进行抽查，部门案卷制作较为规范，能够做到在程序启动、调查询问、审查决定、送达执行等关键环节按要求进行文字记录，需要音像记录的，能够包含照片、录像等音像记录资料，体现出全过程记录制度的落实成效，实现了对执法行为的全过程留痕和可回溯管理。通过对执法全过程进行记录，全面固定执法证据、全程记录执法行为、全景回溯执法环节，一方面有效防止行政机关恣意行政，强化自我规范、自我约束与自我监督，促进严格规范公正文明执法；另一方面切实保障行政相对人以及其他利害关系人的合法权益，说服行政相对人以及其他利害关系人接受行政行为，减少行政争议。

（四）行政执法合法性有效保障

重大执法决定法制审核制度重在守住法律底线。各级执法部门均按要求制定重大执法决定法制审核流程图和审核事项清单，重大执法决定作出前必须进行法制审核，未经法制审核或者审核未通过的，不得作出决定。同时，各级执法部门法制审核力量明显增强。据统计，截至2017年底，省级执法部门新增法制审核人员122人，其中取得国家法律职业资格的52人；市级执法部门新增法制审核人员507人，其中取得国家法律职业资格的303人；县级执法部门新增法制审核人员2284人，其中取得国家法律职业资格的946人，有效充实了法制审核力量，使行政执法行为合法性得到有效保障。2017年，河北省因执法引发的行政诉讼案件与2016年相比减少了15%，行政机关胜诉率提高了10%。

（五）群众"获得感"进一步增强

行政执法三项制度抓住行政执法的关键环节，在执法行为的源头、过程和结果之间构建起相互衔接、配合的程序链条，有效保障执法行为的规范性，维护行政相对人的程序权利和实体利益。为准确了解社会公众对我省三项制度改革情况评价，委托第三方机构对我省2017年度依法行政及三项制度改革情况专门进行调查评估，其中三项制度改革综合得分为66.88，有62.33%的社会公众表示办事"方便"了，73.23%的社会公众表示执法环境"变好了"，68.54%的社会公众表示执法人员的执法行为"更加规范"。随着我省三项制度建设及改革的逐步深入，社会公众对行政机关及其执法人员严格公正、规范文明执法的满意度呈逐年上升趋势，2015年度为44.42%，2016年度为59.25%，2017年度上升为68.61%，充分体现了改革成效。

（六）营商环境进一步优化

行政执法三项制度改革试点以来，通过严把公示、记录、审核等关键环节和重要关口，加强事中、事后监管，有效规范了执法行为，各级执法部门办事效率明显提高，执法形象和执法公信力得到提升，优化了营商坏境。2017年全省市场主体总量达470余万户，居全国第7位，同比增长15.83%；其中企业总量达124.87万户，同比增长22.11%，增速居全国前列。

五　项目之前已经获得的其他荣誉

2018年1月，在河北省2017年度"十大法治人物、十大法治事件、十大法治成果"评选宣传活动中，"河北省被列为全国唯一在省域范围内同时推行行政执法三项制度改革试点单位"被评为河北省十大法治事件。

新经济考验新担当　新监管助力新业态

——芜湖市网约车治理改革工作

芜湖市交通运输局

近年来，以"滴滴"为代表的网约车市场迅猛增长，有效缓解了城市"打车难"的现象，成为群众日常交通的重要选择。但与此同时还产生了网约车涉嫌非法营运、不公平竞争、乘客安全缺乏保障等争议。为促进网约车规范发展，2016 年 7 月 27 日，交通运输部等七部委印发《网络预约出租汽车经营服务管理暂行办法》（2016 年第 60 号令），随后，各地相应地制定了地方网约车管理细则，然而在实施过程中普遍陷入"政府严格立法、网约车普遍违法、管理部门选择性执法"的矛盾僵局。芜湖也遭遇合规化进程缓慢、新老业态冲突的治理困境。为此，芜湖市交通运输局充分解放思想，直面问题导向，按照党的十九大报告关于"推进科学立法、民主立法、依法立法，以良法促进发展、保障善治"的要求，秉承对新业态"鼓励创新，包容审慎"的监管精神，在全国范围内率先对地方网约车监管细则进行全面的公平竞争审查，清理废除原细则中妨碍统一市场和公平竞争的规定和做法，从平台、车辆、司机等维度全方位降低网约车市场准入门槛，从源头上改善了网约车运营法治环境，充分释放了共享经济活力，让老业态焕发生机，取得良好的市场效应和社会反响，为国家出租车改革和网约车治理提供了可借鉴可复制的"芜湖方案"。

一 项目的背景和动因

2017 年 6 月 16 日,《芜湖市网络预约出租汽车经营服务管理实施细则(暂行)》(以下简称《细则》),经市政府常务会议审议通过,于 2017 年 7 月 10 日正式发布实施。此后,芜湖市交通运输局着手推进《细则》的贯彻落实。但经过四个月的宣传推进,细则实施执行依然收效甚微。一是网约车车辆、车辆人员合规工作进度缓慢。占据 95% 网约车市场的"滴滴出行"在芜湖没有申请平台注册许可,全市 5.5 万辆注册网约车只有 46 辆办理了营运证,取得从业资格证驾驶员仅 180 人,网约车各项许可申请处于停滞状态。二是非法网约车查处难度大。根据 2017 年 11 月的统计,按照原《细则》网约车车辆轴距不低于 2650mm,排量不低于 1.6L 的标准,芜湖注册网约车达标率不足 10%,实际运营的网约车车辆,基本都未申请取得(实际也无法取得)营运证,交通执法部门压力巨大。三是新老业态冲突日益加剧,维稳压力高居不下。2017 年 11 月开始,市区巡游车驾驶员多次大规模上访,反映网约车非法运营,甚至出现多起巡游车非法拦截网约车、双方聚集对峙引发肢体冲突等群体性事件,在市委市政府的领导下,市交通运输局联合公安等部门通过政策宣传、联合执法等多措并举,事态得到基本控制,但网约车普遍违法的现实没有得到根治解决,行业维稳隐患依然存在。

二 项目的决策和制定

困境在前,是维持脆弱的平衡?还是从源头解决病根?痛定思痛,芜湖市交通运输局决定直面网约车合规化率低、合规进程缓慢、巡游车经营模式落后、服务质量低下的现实，制定了芜湖市出租汽车行业标本兼治系统方案，按照推进网约车合规纳管、巡游车经营环境优化和智慧交通融合发展三大步骤，推进行业健康发展。而推进网约车合规纳管的基础就是调整《细则》。为消除部分同志和单位对修订可能引发的政策稳定性质疑、社会关注和维稳压力的顾虑，市交通运输局党委成立网约车改革小组，多次进行专题讨论，内部统一思想，要敢啃硬骨头，避免用旧办法管理新业态，蹚出一条对新经济、新业态的新的监管路径，让网约车回归"互联网＋出行"新业态"高品质服务、差异化经营"的本质。

原《细则》实施不满一年，全国没有修订先例，维稳矛盾依然存在，是全面修订还是部分调整？芜湖市交通运输局坚持实事求是的原则，吸取原《细则》制定过程中盲目模仿从众的教训，从三个方面找准突破口。一是科学立法。按照《芜湖市重大行政决策程序规定》有关要求，从2017 年 11 月到 2018 年 5 月，历经 7 个月，严格落实调查研究、征求意见、专家论证、部门协调、风险评估、合法性审查、集体讨论和结果公开的决策程序，实现政府监管职能回归，不缺位、不越位。二是民主立法。正确把握和统筹兼顾最广大群众和不同利益群体的关系。先后组织召开座谈会 50 余场，覆盖 2000 余名巡游车驾驶员、近百名网约车驾驶员、7 家巡游车公司、6 家网约车平台、市民代表、职能部门、新闻媒体，以及省、市部分人大代表、政协委员等有关专家学者，广泛听取巡游车改革和网约车规范意见，凝聚改革共识，找到符合人民群众利益的"最大公约数"，画好最大同心圆。三是依法立法。以国务院"鼓励创新、包容审慎"为原则，以国家发改委等八部委《关于促进分享经济发展的指导性意见》"避免用旧办法管制新业态，破除行业壁垒和地域限制，清理规范制约分享经济发展的行政许可、商事登记等事项，进一步取消或放宽资源提供者市场准入条件限制，审慎出台新的市场准入政策"为指导；以芜湖市人民政府《关于在市场体系建设中建立公平审查制度的实施意见》为标准，有序清理和废除妨碍全国统一市场和公平竞争的规定和做法。同时，以

《立法法》、《行政许可法》、《反垄断法》等法律法规为上位法依据，全方位地对《细则》进行合法性审查，做到"法无授权不可为"。

标准修订后，如何加强网约车监管治理？监管重心前移还是后移？芜湖市交通运输局创新在网约车监管治理中提出"三个有利于＋一个底线"的标准原则。"三个有利于"即是：有利于满足群众出行需求、有利于维持行业健康稳定运行、有利于呵护鼓励网约车，体现共享经济的本质。"一个底线"就是保障乘客出行安全。这一标准让芜湖网约车治理改革既具备合法性，又立足芜湖实际，实事求是地对新产业、新业态实施包容、审慎监管，重新定位政府和市场的关系，解决政府职能越位、缺位、错位的问题，守住了安全和秩序底线。同时，主动与新业态的领军企业合作，根据情况适时调整相关政策，用包容、相向而行的态度，给网约车平台企业一个机遇和窗口期，促进平台从野蛮生长向合规化发展转变。由此，探索出一条政企合作双赢的路子，形成可复制可推广的模式。

三　项目的主要内容和实施效果

2018 年 5 月 14 日，新修订的《芜湖市网络预约出租汽车经营服务管理实施细则（暂行）》发布实施，较原细则共做出了 16 处修改，从平台、车辆、司机等维度全方位降低网约车市场准入门槛，还创新性地对网约车营商环境进行了优化。主要方面包括，在平台标准方面，不再要求非本市的企业法人在本市设立分公司，仅要求设立具有相应服务能力的服务机构；不再要求在芜湖本地纳税。在车辆标准方面，不再要求车辆为市区注册登记，改为本市牌照；车龄要求由 3 年放宽为 5 年；降低车辆轴距和排量要求，标准高于或等于市区主流巡游出租汽车。在驾驶员标准方面，将市区居住证放宽为全市居住证。另外，取消车辆和人员的许可关联，实行车辆、人员分类许可，营运时三证齐全。其中，取消网约车平台本地纳税、将网约车车辆标准与主流巡游车拉平，平台、车辆、人员分开许可，不作关联，均为全国首创。

《细则》修订仅过一个多月，网约车各项合规许可已超过原政策执行9个月数量。截至2018年10月底，芜湖市共有12家网约车平台取得经营许可证（其中2家为芜湖本土自主研发的网约车平台），近800辆网约车取得道路运输证，8200余名驾驶员取得网约车从业资格，网约车订单合规率居全国前列。

自2018年5月以来，新华社、人民网、新华网、光明网、新浪网、凤凰网、澎湃新闻等国内主流媒体先后刊登新闻稿件50余篇，专题报道芜湖市网约车治理改革工作。2018年7月，芜湖市作为全国唯一地市代表，受邀参加工信部中国信息通信研究院"网约车新政"两周年专题研讨会。会议上，清华大学公共管理学院院长薛澜教授称"芜湖经验"为公共管理中的"适应性治理"，是新业态领域治理的模本。2018年9月以来，《法制日报》、中国政法大学、清华大学、《中国发展观察》杂志社先后来芜湖进行实地专题采访调研，项目先后被《法制日报》专版介绍，被清华大学管理学院列入中国公共管理教材案例，更是被《中国发展观察》杂志作为改革开放40周年中国样本重点推介。

四 项目的意义和价值

第一，改革红利不断释放，经验可复制可推广。

一是芜湖网约车治理改革实施底线监管，激发了市场活力。"鼓励创新、包容审慎"是制定新兴产业监管规则的指导精神，特别是对网约车这种先有实践后有规则的新经济，过度监管无疑会扼杀其发展活力。芜湖的网约车改革回归本源，在秉持"三个有利于＋一个底线"标准原则的基础上，实事求是地进行创新，维护了市场的稳定有序发展。让监管不偏离它的初心、逾越它的边界。

二是完善监管制度，实施依法监管。法治的基本原则就是权力法定，在授权范围内设立许可要遵循公开、公平、公正的原则，实施行政许可，应当体现便民的原则。对没有上位法支撑、限制公平、不利于便民的管理规则进行修订，避免用严苛的事前准入代替监管的"懒政"行为，创新事中事后监管，让"互联网不是法外之地"落在实处。

三是优化监管机制，实施创新监管。出租车"网约化"是行业发展的方向，但不能将网约车管理"出租车化"。芜湖借鉴国内外互联网平台治理经验，推进简政放权，转变职能，充分发挥平台经营主体作用，建立内部监督信用评价机制；引导成立芜湖交通新经济产业联盟，通过抓行业，整合资源，提高行业治理能力；抓平台，自律自治，强化平台责任心；抓信用，守信激励、失信惩戒，建立了在法治规范下相向而行的新型政商关系，开启交通行业自律自治和社会协同治理的新格局。

第二，先试先行，创造了四个"第一"。芜湖在探索行业优化的实践路径上具有示范作用，对于全国网约车治理的改革具有重要启示意义。

一是在全国第一个对网约车细则主动开展公平竞争审查，具有示范引领作用。目前已有湖南岳阳、内蒙古鄂尔多斯、四川泸州以及安徽省内的安庆、宣城等多地交通运输局（委）来芜湖交流学习，尤其是芜湖市以其主动开展自我审查，主动破解因"严格立法"造成的"普遍违法"的先行举措和融合发展思路，在全国具有示范引领作用。

二是全国对网约车管理办法审查修订最为彻底的城市，体现了营造公平竞争环境的决心。对缺乏上位法依据和变相设置的行政处罚、行政许可全面取消，按照备案车辆的实际情况确定网约车的准入门槛，特别是在全国首创将网约车与传统巡游车车辆标准拉平，坚持依法监管、底线监管、创新监管，以良法促进发展、保障善治，得到学者、媒体界的一致认同。

三是第一个回归现实、确定网约车准入门槛的城市，必将激发市场主体活力。芜湖市对网约车准入条件的重新界定,不是降低门槛,而是回归本源,从实际出发,制定切实可行的政策。同时,此次对网约车细则的公平竞争审查是全覆盖的,逐条进行了全面梳理审查,取消了与安全无关的车型、价格、轴距、排量等要素限制,充分发挥市场的力量,满足市民的出行需求。

四是第一个转变监管角度的城市,重新确立政府职能定位。针对网约车、顺风车存在的乘客人身安全事件,社会关注度高、影响坏。互联网技术的发展使滴滴等平台类企业迅速成长,无一例外都在追求轻资产化,试图通过平台来吸引线下资源的集聚,实现盈利。从"打车大战"到共享单车,都是从放松规则开始,让商业资本相互"厮杀",最后政府出面管控。这种方式缺乏前瞻性的调控,更缺乏法律法规的与时俱进。但是因噎废食,扼杀新业态的崛起,不符合市场经济运行规律,网约车市场监管的重点不应该放在准入上,而应更关注事中事后监管。正如清华大学管理学院院长薛澜教授所称:"芜湖经验,其本质是公共管理中所提倡的适应性治理,在新经济发展过程中,先给行业发展提供较大的空间,根据发展情况再逐步调整相关政策,从而使得公众的利益最大化。"

出庭旁听讲评"三合一" 提升行政机关负责人出庭应诉制度成效

上海市人民政府法制办公室

　　2014 年 1 月 26 日，上海市人民政府（以下简称市政府）出台《上海市人民政府关于行政机关负责人行政诉讼出庭应诉和旁听审理的指导意见》（以下简称《指导意见》），作为省级政府率先在全国提出负责人旁听审理制度。与此同时，我办与上海市高级人民法院（以下简称市高院）定期联合举办"依法行政与公正司法论坛"，对行政诉讼所涉依法行政方面的问题进行讲评交流。2015 年 5 月 1 日，新修订的《行政诉讼法》正式颁布施行，行政机关负责人应当出庭应诉成为法定要求。2017 年 4 月，市政府成立上海市法治政府建设工作领导小组，市长任组长。同年 6 月，领导小组决定将"负责人出庭旁听讲评"作为推动本市法治政府建设的新抓手，以领导小组办公室的名义下发《关于开展 2017 年行政诉讼庭审旁听工作的意见》（以下简称《工作意见》），在《指导意见》和行政司法论坛的基础上升级拓展，首次提出负责人出庭、负责人旁听、讲评交流"三合一"。一年来，我们在市级机关层面举办了 3 次"三合一"活动，分批组织市级行政机关集中旁听行政诉讼案件，被诉行政机关负责人出庭，其他机关负责人旁听案件审理，庭审后由法院、复议机关的专家进行讲评，旁听人员汇报交流，取得了十分良好的反响和效果。

一 主要做法和特点

"三合一"项目在具体做法上，一是精心挑选具有典型性、共通性和教示性的案件。结合新《行政诉讼法》及相关司法解释中关于负责人出庭的必要情形，三个庭审案件分别选取行政纠纷量多、社会关注度高、公权力大的"重点部门"的行政处罚、著名外国企业的广告宣传、规范性文件一并审查等共性、热点问题。二是明确参加负责人出庭旁听的单位人员范围，被诉行政机关的负责人出庭应诉，且要求出声。集中旁听实现两个"全覆盖"，即所有 16 个区政府、59 个具有行政管理职能的市政府工作部门、7 个管委会的单位范围与每个单位的班子领导成员、法制机关负责人、应诉工作人员和相关执法部门负责人"四类人员"必须参加。参加旁听的机关负责人须在法庭旁听席现场旁听。三是组织有关专家讲评和出庭旁听负责人交流，庭审结束后，我们将法庭布置成法治讲堂，市高院行政庭负责人与我办领导从司法监督、复议监督的不同视角，就庭审情况特别是负责人出庭应诉情况进行讲评；随后，由 1 名当天出庭应诉的负责人交流心得体会，2 名参加旁听的负责人作为旁听代表交流发言。最后由负责庭审的法院领导、市高院领导及市政府秘书长或我办领导进行总结发言，并对法治政府建设工作提出要求。以上是"三合一"活动的"规定动作"，此外我们还根据实际需要增加板块，比如三次活动中均增加了行政诉讼情况通报坏节，第一次和第三次活动中，市三中院领导还向参加旁听的区政府和市政府工作部门局级领导赠送了2016年行政审判白皮书、2017年涉诉市级行政机关负责人出庭应诉情况白皮书。

"三合一"项目将原来三项分头推进的工作有机结合，产生叠加乘数效应，以一个庭审以点带面达到多重效果：第一，与推动行政机关负责人出庭应诉工作相融合，有效增强了行政机关负责人的法治思维和法治素养。负责人们亲历庭审过程，体验诉讼程序，普遍认为"出一次庭比上十次法制课更有效"。第二，与加强和改进行政应诉工作相衔接，切实起到了提高应诉人员出庭应诉能力与水平的作用。出庭和集中旁听人员直面诉辩交锋，互相学习提升应诉水平，同时也感受百姓关切。第三，与推动依法行政工作相结合，进一步促进了政府机关依法行政能力和水平的提高。庭审聚焦案件热点、难点，出庭和集中旁听人员互相交流，对照认识和改进自身管理不足。第四，主动与司法监督工作相对接，切实维护了司法权威，实现行政与司法的良性互动。第五，与推进法治政府建设工作相结合，成为推动本市法治政府建设的创新举措。市级机关的"三合一"活动已产生示范引领带动效应，部分区政府和市政府工作部门已在本地区、本系统陆续开展"三合一"活动。

二 项目发起的动因和背景

主要有以下四个方面。

（一）国家和本市法治发展的新要求

党的十九大对全面依法治国作出重要部署，行政机关妥善解决行政争议，是满足人民群众对民主法治、公平正义新需求的必然要求。《中共中央关于全面推进依法治国若干重大问题的决定》《关于加强和改进行政应诉工作的意见》《上海市法治政府建设"十三五"规划》等中央、国家和本市的文件都对加强和改进行政应诉工作提出新的要求。

（二）新修订的《行政诉讼法》对依法行政监督有新力度

新修订的《行政诉讼法》对受案范围、复议机关作共同被告、行政机关负责人出庭应诉等内容作了新规定，特别是随着最高人民法院相关司法解释的出台，《行政诉讼法》新的制度安排与要求落地生根，司法监督力度进一步加强，行政管理活动将在更大范围内接受司法监督，对行政机关依法行政提出新的更高要求。

（三）人民群众对告官要见官有新期待

新的行政诉讼法颁布实施后，人民群众要求"告官能见官"，期望有能做得了主、说得上话的领导坐上被告席，谈事实、讲法律，当庭回应老百姓的问题与诉求，有效与及时化解行政争议。

（四）本市提高行政机关负责人出庭应诉率需要新抓手

本市行政机关负责人出庭应诉率仍有提升空间。存在的问题与不足主要体现为"三不"：一些负责人面子观点强，不愿意走入法院；一些负责人有畏难情绪，不敢坐上被告席；一些负责人业务知识不足，不会庭上质证答辩。推动本市行政机关负责人出庭应诉工作，需要新的工作抓手和方法来开创新局面。

三 对实现法治政府建设目标的意义

（一）加强对"关键少数"的法制教育，提高领导干部的法治思维和能力

行政机关负责人出庭应诉率不高，核心问题是"学归学、做归做"的"两张皮"现象，关键点在于推动行政机关负责人愿意走入法院、敢于坐上被告席和善于庭上应诉答辩。"三合一"活动变办公室开会学习为法庭上实战演练和"围观"，让领导干部走进法庭、走入被告席和走上法治讲台。通过参加实战、观摩和讲评，领导干部们普遍有三个提升：其意识从"要出庭"提高到"要发声"，再到要学习"如何发声"；从对外被动地应对诉讼纠纷到对内重视规范自身的行政行为；从在意案子的输赢到认识到在法庭上实事求是，承认政府有错也是维护政府形象和诚信。

（二）加强制度创新，深化和改进了行政应诉工作

党的十九大报告要求"深化依法治国实践"，"三合一"活动是贯彻落实新《行政诉讼法》的重要举措，拓展了行政机关负责人出庭应诉制度的内涵，创新了工作机制，使得应诉业务多、应诉问题多和应诉能力弱的单位能够互相学习、共同提高，有效缓解或解决全市各级行政机关应诉人员出庭应诉能力参差不齐的问题，为加强行政应诉队伍建设、改进行政应诉工作提供了上海智慧和地方经验。

（三）加强源头管理，促进了本市依法行政能力与水平的提高

"三合一"活动采用"搭台共建"的工作方法，使得法院所反映的有关本市依法行政中存在的突出问题以及提出的针对性意见和建议，得以在"三合一"这一平台充分表达，也得到本市各级领导干部和政府法制干部的认真聆听并引发广泛讨论，特别是时任市政府秘书长肖贵玉（现任市人大常务委员会副主任）高度重视法院反映的问题与提出的建议，明确要求解决好本市依法行政的苗头性、普遍性、趋势性和制度性等"四类问题"；现任秘书长汤志平要求提高思想认识和政治站位，抓好关键少数和关键环节，提高做好行政应诉工作的责任感和水平，对进一步提升本市依法行政的能力与水平发挥了重要的促进作用。

（四）接受司法监督，搭建了行政与司法良性互动新平台

"三合一"活动与行政审判和司法监督相关工作对接，既组织进行庭审旁听又组织召开庭审讲评与行政审判情况通报会议，实现司法监督与依法行政"两"促进。庭审旁听现场，既成为法院和法官展现良好司法

形象的"舞台",又成为广大行政机关领导干部和政府法制干部接受法治教育的生动"课堂"。在讲评通报会场,来自行政与司法的各级领导和干部谈情况、讲问题,增了解、达共识,活动成为行政与司法良性互动的新平台。

(五)回应百姓期盼,推动构建理性、平等、协商、说理的新型官民关系

在法庭上,行政机关以被告身份出现,和原告处于同等地位、享有同样的权利与义务,有利于营造官民平等协商良性互动的氛围,也有利于缓和及修复行政执法中出现的紧张对立与矛盾冲突。"三合一"活动推动行政机关负责人坐上被告席、出庭出声,对于行政行为实体合法、合理、正当的,通过庭审程序宣讲法律和政策,释疑解惑化解老百姓的不理解、不服气;对于行政行为确有瑕疵的,通过庭审程序实事求是承认存在的错误和不足,提出改进的措施和方法,有效地赢得了老百姓的理解与认可,为新时代背景下构建新型官民关系作出了重要尝试与有益探索。

四 项目受益情况

"三合一"项目开展一年多以来，在全市行政机关和广大人民群众中取得了良好的效果，具体体现在以下几个方面。

（一）行政机关受益面广，市政府秘书长等各级领导干部高度重视并积极参与

第一，活动实行"补课制"，对于相应批次中未能参加活动的单位或人员安排在最后一批"补课"，确保全覆盖要求落实到位，切实做到一个都不能少。第二，2位秘书长和82位局级领导参与活动，秘书长和9位局级领导讲话发言，5位行政机关负责人出庭应诉。领导干部的带头示范效应显著。第三，本市各级政府法制干部是行政诉讼旁听活动重点推动的"重要多数"，各单位法制部门负责人82名、应诉工作人员164名参加活动，约占活动参与人员总人数的2/3。

（二）形成了可复制、可推广的经验，"三合一"活动在本市各级行政机关间发挥"头雁"效应

市政府下发《旁听工作意见》并组织开展3次活动以来，在全市范

围内发挥了带头示范作用，形成了"头雁"效应。各单位结合本系统、本部门和本单位的实际情况，纷纷推动"三合一"工作，并以此为抓手有力推动法治政府建设。6家区政府和3家委办局专门下发推动行政诉讼庭审旁听工作的实施意见，8家区政府和6家委办局组织开展"三合一"活动。基层机关对"三合一"活动进一步创新形式，"实践之花"不断涌现，比如奉贤区组织举行了行政诉讼"现场教学基地"公开课，金山区组织了首次区级层面的"三合一"活动；市公安局、市人保局、市质监局等委办局也结合自身特点分别组织本系统开展形式多样的"三合一"活动。

（三）全市行政机关负责人出庭应诉率增幅明显，进一步营造了尊重法院、尊重法律的良好氛围

"三合一"在全市普遍开展以来，形成了有效的带动、推动作用。全市行政机关负责人出庭应诉的要求得到进一步落实，出庭比例持续提高，出庭质量显著提升。2017年，各级行政机关负责人出庭应诉1349人次，同比上升22.97%。以参与了2次"三合一"活动的市三中院为例，2017年涉及市级行政机关的二审案件中，负责人出庭应诉率同比提升了7.4个百分点；以上海铁路运输法院（集中管辖本市静安、虹口、普陀、长宁四个中心城区的一审行政案件）为例，2017年负责人出庭率同比提高了近3个百分点；其中，虹口区行政机关负责人出庭应诉率达到69.8%。出庭负责人做到既出庭又出声，营造了支持人民法院依法受理和审理行政案件，尊重法院、尊重法律的良好氛围，进一步优化了行政与司法的良性互动关系，为全面深入落实新《行政诉讼法》以及中央、国家和本市的相关要求作出了应有的贡献。

（四）《法制日报》、《解放日报》、《上海法治报》等媒体对"三合一"活动进行了详尽报道，进一步推动全社会树立法治意识

《法制日报》以《告官要见官出庭要出声》为题、《解放日报》以《旁听是一次直观的法治教育》为题,《上海法治报》以《让"民告官"不再"难见官"》、《一场民告官 一次"百人"庭审旁听——本市打造行政诉讼庭审旁听制度 2.0 升级版》为题,分别对三次"三合一"活动做了详细而生动的多角度报道。上述相关新闻报刊中,有中央权威法律报刊、上海市委机关报等,发行量大、覆盖面广,阅读量达数百万人次,向广大人民群众展示了依法行政与公正司法的良好形象,并宣传了行政诉讼作为解决行政争议重要渠道的作用,展示了国家行政机关与司法机关在实现"让人民群众在每一个司法案件中感受到公平正义"目标上的努力,进一步推动全社会树立法治意识。

五 所选案件的获奖情况

"三合一"活动中有两个庭审案例获奖,体现活动案件选取的典型性、活动组织的精心性以及活动效果的明显性。一是第二次庭审案件捷豹路虎(中国)投资有限公司不服上海市浦东新区市场监督管理局行政处罚、浦东新区政府行政复议决定案,被评为 2017 年度中国法院 50 件典型知识产权案件。案件涉及了汽车行业销售过程中对相关宣传是否构成虚假宣传行为的认定。该案的当选也展现了上海良好的司法环境与法律公信力,展示了上海自贸区在知识产权保护领域的决心,及良好的营商环境。二是第一次庭审案件致真餐饮公司诉长宁区安全生产监督管理局、上海市安全生产监督管理局行政处罚决定及行政复议决定案,被评为 2017 年上海行政审判十大年度典型案例。案件涉及对"生产经营项目"、"不具备安全生产条件"等法律概念的理解和认定,对行政机关和生产经营企业深层次理解安全责任,全面重视安全生产的监督与管理具有现实意义。

构建"一平台三工程"市场监管体系

——东莞市深化商事制度改革创新实践情况介绍

东莞市人民政府

党的十八大以来，中共中央、国务院对加强和创新市场监管提出一系列新的更高的要求。《法治政府建设实施纲要（2015 — 2020 年）》明确提出，加强事中事后监管，创新市场监管方式，完善市场监管体系，建立协同监管机制，实行综合监管，推广随机抽查，探索"智能"监管。近年来，东莞市在商事制度改革取得样本成果的基础上，引入法治化营商环境、"互联网＋政务服务"、"智网工程"等现代社会治理理念，重点在如何接得住、管得好、服务优上下功夫，打造市场监管协同创新平台，推进智慧监管、协同监管、信用监管三大重点工程，加强事中、事后监管，致力为深化商事登记制度改革创新实践作出有益探索并提供可复制、可推广的"东莞样本"。

一 项目背景

东莞市位于广东省中南部，"穗港深经济走廊"中段，是岭南文明的重要发源地、中国近代史的开篇地（虎门销烟所在地）、改革开放的先行地。东莞有着特殊的地理位置、经济结构、行政架构、人口结构，以敢为人先的精神和改革创新的锐气，承担了中央、省大量"先行先试"改革试点任务，为全国改革开放创新实践积累了大量的经验和样本。

2012 年，东莞作为全国首批试点城市拉开了商事制度改革的序幕，通过大胆探索，不断升级前行，全国首创"住所信息申报 + 负面清单"登记管理，全国首创新业态企业集群注册登记，全国首创"全程电子化 + 审批中心"管理模式，同时推动开办企业便利化进程，比国务院提出的"8.5 个工作日"目标缩短近六成，成功打造了商改品牌。中央政治局常委、政协主席、时任广东省委书记汪洋，国家市场监管总局局长张茅、副局长马正其等领导先后到东莞考察调研，给予高度评价。《人民日报》头版头条对东莞商改经验作专题报道，中央电视台、新华社等媒体多次聚焦关注。

东莞商事制度改革取得一系列显著成绩的同时，对事中事后监管提出了挑战。一是监管力量不足日益凸显。近年来，东莞市场主体翻了一番，从商改前的 54.3 万户增加到目前的 111.4 万户，但基层市场监管人员数量无法得到相应增长，监管工作面临持续增长的挑战和压力。二是市场主体监管难度加大。"互联网 +"快速发展，催生了新业态，违法行为更加隐蔽，如互联网虚假广告、微信传销等；监管内容和重点都发生了重大变化，常规监管手段被动、滞后、粗放，靶向性弱，难以定位日渐复杂的监管风险。三是缺乏有效的部门协同监管机制。"单一改革快、协同推进难""放开放活快、后续监管难"是长期存在的难点和痛点，市场准入与执法监管脱节导致监管的真空和盲区，"谁审批、谁监管"、"谁主管、谁监管"责任难以完全落实。部门间信息共享互通机制不健全，"办照容易办证难"、"准入不准营"成为制约企业经营的最大"痛点"之一。四是难以形成多元共治合力。传统的市场监管模式，更加侧重于单向强制力的作用，社会诚信体系尚未广泛建立，信用约束管理机制刚刚起步，行业自律管理处于探索阶段，市场主体自我责任弱化淡化，部分企业将资本认缴制度视作不用缴制度，少数市场主体故意虚报地址等。政府执法成本高、效率低，企业失信成本过低，导致"一管就死、一放就乱"、"治乱循环"等困境。

为了解决市场监管体系建设相对滞后，监管手段创新不足、效能不高等问题，2016年底，东莞市委、市政府作出构建科学市场监管体系的工作部署，以网格化为基础，以"互联网＋"为牵引，推进"一平台三工程"建设，深化商事制度改革创新实践。

二 项目主要内容

"一平台三工程"即打造市场监管协同创新平台，推进智慧监管、协同监管、信用监管三大工程，目标是探索构建共建共治共享的科学市场监管新格局。"一平台"是基本支撑，打造市场监管创新协同平台，通过设立多元共治的统筹协调机构和研究智库，整合政府、企业、社会等多方市场监管资源，创新市场监管理念、方式等制度设计，为智慧监管、协同监管、信用监管提供科学有效的协调运作机制和资源支撑。"三工程"是核心内容，其中智慧监管是手段，主要探索运用"互联网＋"、"网格化＋"的市场监管模式，实现监管的精准化；协同监管是方式，主要探索部门、市镇、政社之间的横向和纵向监管协同，实现监管的高效化；信用监管是方法，主要探索通过构建完善的信息公示和信用约束机制，促进市场主体自律，实现监管的科学化。

（一）打造市场监管协同创新平台。以跨界协作理念打造多主体多因素融合汇集、优势互补、深度合作的综合平台，参与者围绕市场监管创新实践的共同目标，激发内生动力，开展多方位交流、多样化协作，提升市场监管体系的统筹规划、协同推进和创新能力。一是加强整体统筹协调。成立东莞市市场监管体系建设统筹协调小组，市长任组长、60个部门主要负责人任成员，全市33个镇街（园区）参照市级机构设置，建立相应的市场监管体系建设统筹机构，切实加强组织领导和统筹协调。二是研发运行监管平台。打造融合汇集、优势互补、深度合作的跨部门科学监管数据分析展示平台，系统归集53个部门、33个镇街（园区）共1003个镇级部门、599个村（社区）的后续监管数据，设计实施分析展示的数据模型，提升市场监管体系的统筹规划和协同创新能力。三是建立商改智库和基地。与国研智库、武汉大学、中山大学、华南理工大学等高校及科研机构，建立战略合作关系，专题研究市场监管领域的全局性、战略性和前瞻性问题，论证评估各项改革措施。采取与省工商局共建的方式，划出专门区域让建立战略合作关系的商学院和科研机构落地，出台的市场监管措施先行先试。四是大力夯实制度基础。坚持在法治轨道上推进改革发展，市政府2017年出台《关于深化商事制度改革构建科学市场监管体系的实施意见》，出台6个配套子方案，形成以"1+6"为核心的政策体系；集成创新事中事后监管各项措施，先后在企业集群注册、住所登记管理、全程电子化工商登记、基层网格化监管、企业信息公示以及信用约束管理等领域出台政府规范性文件和操作细则，推动制度设计与改革进程相适应，为改革创新提供强有力的制度规范和法治保障。五是建立绩效评估体系。开发科学监管数据分析平台，系统归集部门、镇街的商改后续监管数据，设计分析模型，实时展现、监督各级各部门的监管工作开展情况。设定衡量部门、镇街（园区）监管效能的协同监管指标体系，定期进行通报。设定"科学市场监管水平"考核指标，每年对镇街市场规范管理情况进行客观评估，结果纳入镇街领导班子落实科学发展观绩效考评。

（二）推进智慧监管工程。推动市场监管与"智网工程"深度融合，通过网格化管理信息平台，运用数字化、信息化手段，以镇街社区细分网格为区域范围，以事件为管理内容，以处置单位为责任人，实行市镇联动、部门联动、资源共享的市场监管新模式。一是定网格。综合考量全市33个镇街（园区）的区域跨度、街道走向、人口疏密、管理难易程度等因素，将599个村（社区）划分为2958个基础网格。全面推进"二标四实"建设，建立全市统一"标准地址库"，所有市场主体采用统一的标准地址，根据地址信息划归具体网格，实现市场主体精准定位全覆盖，不留死角和盲区；建立全市各政府部门和企事业单位开展社会服务管理工作的统一"标准作业图"，摸清实有人口、实有房屋、实有单位、实有设施底数。二是建队伍。整合基层原有出租屋、消防、安监、食药监等服务管理力量，按照"一格两员"至"一格五员"的标准，统筹组建网格员队伍，作为部门监管力量的延伸和补充。网格员包括巡查员、处置员、调度员三个层次，定位为"一线哨兵"和"侦察兵"，全员配备网格作业手机终端、工作证、工作服等装备，主要职责包括采集基础信息、相关部门业务信息和无证照经营线索等事件信息，在可控范围内督促整改发现问题，及时上报问题线索并协助相关部门开展后续执法监管，等等。全市现阶段到岗网格管理员9756人，平均一个网格配备网格管理员3人。三是定流程。利用移动互联网、云计算和大数据技术，构建全市统一的网格化管理系统、指挥调度系统、手机 APP 作业系统等网格工作系统。全市累计建成1个市级、33个镇（街道）级"智网工程"指挥调度中心以及599个村（社区、工业园区）级"智网工程"指挥调度工作站，建立联动高效、沟通顺畅的指挥调度机制。四是定事项。按照"可操作、易判断"原则，将工商、食药监、安监、卫计等市场监管部门纳入首批入格部门，商事制度改革后续监管纳入"智网工程"入格事项，赋予网格员履行市场主体登记地址信息核查、开业经营情况核查、许可办理情况核查、无证照经营线索巡查以及督促年报、亮照经营等"4+2"职责。网格员承担网格内市场主体信息采集、开展政策宣传、收集社情民意、发现上报线索、跟踪问题整改等职责任务。以市场监管入格事项为例，市场主体办理设立登记或办理地址、经营范围变更后，首先由系统对相关数据进行前端信息优化和智能化处理，匹配电子地图和许可办理等有关信息，生成监管任务推送至对应网格员手机；网格员上门核查地址信息及证照办理情况，督促年报及亮照经营，对违法行为先行督促整改；网格员核查后，经营范围涉及许可审批的，由系统自动推送给相关后续监管部门，部门履行许可监管职责并反馈处理结果，形成任务处理闭环。同时，网格员通过"智网工程"系统登记日常巡检发现的无证无照线索，先行督促整改；限期未落实整改的，网格员通过信息化系统上报后续监管部门处理。2017年12月，商改后续监管事项正式入网作业，截至2018年9月底，向各镇街推送监管任务28.45万条，收到反馈27.92万条，办结27.22万条，其中网格员发现上报线索9.32万条，"哨兵"、"侦察兵"作用充分显现，大量问题隐患化解在萌芽阶段，减轻了部门后续监管压力，有效破解监管力量不足的痛点。

（三）推进协同监管工程。社会共治是新时代市场监管改革的趋势。一方面，市场监管部门直接面对市场主体和社会公众，是沟通政府、市场和企业的桥梁；另一方面，市场监管部门面临越来越多政府管理部门的协作要求，越来越需要属地基层政府和其他管理部门以及相关社会组织的通力合作。国家治理现代化要求不断完善市场监管体制，形成监管合力，提升执法效能，构建政府、市场、企业、社会公众协同共治的治理模式，不断提升市场监管效能。一是加强部门协同。开发协同监管信息化系统，根据全省383项后置审批事项目录编制告知执行清单，明确经营范围规范用语和推送关键词，实现监管任务精准推送，明晰后续监管部门反馈时限内容要求，实现双向互动和监管线索线上移交，全程痕迹化管理。系统实现43个市级部门、1003个镇级部门以及599个村（社区）全覆盖，有效打破信息不对称、部门不协同等造成的监管真空。自2015年9月上线以来，系统推送信息108万条，收到反馈信息191万条次。二是加强政企协同。依托"智网工程"信息系统，以专业市场、集贸市场为试点，按照"党政统筹、部门指导、社区协同、物业自治"的协同共治原则，将部分市场监管事项委托给具有自我管理能力的队伍和社会单位履行，实施网格共治管理。如市场物业管理方落实场内主体信息采集建档、日常巡查、一般问题处置等简单的监管工作，及时收集场内经营主体的情况动态，排查各类经营管理和安全生产问题，重大问题通过信息化手段上报社区和部门介入协同处理。在实施网格共治管理的市场设置政务便民服务点,梳理职能部门政务服务事项,交由市场管理方承接,延伸政府服务触角,提升网格共治的社会管理效能和公共服务能力。三是加强行业协同。推动行业协会商会建立健全行业自律规范、公约和职业道德准则,开展行业内部规范管理、信用管理和纠纷调解,建立协会多元共治工作机制。成立广东省首家"守合同重信用"企业社会组织——市守合同重信用企业联合会,发挥示范引领作用,实施共建共治。市女企业家联合会、市汽车行业协会、市电子商务协会、市机械模具产业协会、市广告协会等协会商会在培育企业家公共精神,行业自律约束、行业风险预警等方面取得了先行经验。四是加强公众协同。建设 12345 政府服务热线,整合全市"123"开头的特服热线和部门设立的咨询投诉举报固定电话,建立了集话务、网络、掌上 APP、微信和多媒体座席等多位一体的一站式综合服务平台,为群众提供政务服务咨询、市场监管、消费维权、经济违法举报和行政效能投诉等综合服务。截至 2018 年 9 月底,接听来电 636.6 万个,日均接听 4613 个。五是加强党建协同。将市场监管体系工作与党建工作相结合,发挥市场党组织引领作用,实施"党建 + 政务服务",实现党建促经营、党建促管理。充分发挥"小个专"(小微企业、个体工商户、专业市场)党组织战斗堡垒作用,引导党员经营户通过"亮身份、亮职责、亮承诺"行为,发挥先锋模范作用,达到"示范一个、带动一块、影响一片"的引领作用。以厚街、茶山两镇为试点,开发智网党建业务系统,建立"党建一站通"服务平台,使"小个专"党建共治有载体、联系有渠道、活动有空间。加强市个私协会党建工作,成立市个私协会党委,打造一体化综合服务平台,强化对镇街个私协会党组织的指导,在全市个体户和私营企业中发挥良好的政治引领作用,引导行业和企业诚信自律经营。

(四)推进信用监管工程。现代市场经济是信用经济,信用是整个市场机制正常运转的基础,市场主体诚实守信是完善市场监管机制的一块重要拼图。东莞注重发挥信用在市场监管中的基础性作用,加强涉企信息归集公示和信用约束管理,强化守信联合激励和失信联合惩戒,建立了以"一办法、两清单、三系统"为核心的企业信用监管机制。"一办法",市政府出台《东莞市企业信息公示和信用约束管理暂行办法》,明晰部门信息归集的提供主体、归集范围、时限,明晰信息公示的渠道、标准,以及部门实施信用约束管理和跨部门联合惩戒的要求。"两清单",包括企业信息公示清单和企业信用约束管理清单,公示清单收录 53 个部门 603 项信息项,建立涉企信息归集的格式化标准;约束清单收录 42 个部门针对 99 类约束管理对象的 262 条措施,厘清对失信企业的惩戒管理边界。"三系统",包括东莞市企业信用信息公示系统、企业信用联合惩戒系统和跨部门"双随机一公开"联合抽查工作系统。开发企业信用信息公示系统及其微信端,将企业的基本信息和奖惩信息,整合归集记于同一企业名下,面向公众提供"一站式"信息查询、证明打印服务,面向政府提供企业信用信息应用服务。截至 2018 年 9 月底,系统公示涉企信息 1220 万条,网站查询量超过 642.3 万人次,线上累计打印查询证明 13.08 万份,查询窗口人流减少五成。开发应用企业信用联合惩戒系统,探索建立"备忘录+信息化"的联合惩戒制度,实现联合惩戒的发起响应、信息推送、执行反馈等动态协同,工商部门会同发改、经信等 17 个部门联合签署《经营异常及严重违法失信企业联合惩戒工作备忘录》,截至 2018 年 9 月底,共享经营异常名录信息 11.9 万条,积累了丰富的经验。开发东莞市跨部门"双随机一公开"联合抽查工作系统,将各部门"一单两库"进行信息化管理,实现跨部门联合抽查全流程信息化、痕迹化。全市 38 个监管执法部门出台本部门实施意见或工作方案,完成"一单两库"建设,编制随机抽查事项清单,建立检查对象名录库 38 个,执法检查人员名录库 38 个,明确抽查事项 558 项,实现检查事项随机抽查全覆盖。抽查结果通过信用东莞网、东莞市企业信用信息公示系统、单位门户网站等多方渠道及时向社会公示,实现结果公示 100%。出台《东莞市公共信用信息管理系统异议信息处理工作指引》和《东莞市公共信用信息管理系统信用修复工作指引》，构建主动自新的信用修复机制，及时有效保护信息主体合法权益，营造良好的社会信用环境。

三　项目取得的成效和贡献

东莞市构建"一平台三工程"科学市场监管体系，以深化"放管服"改革为契机，在法治化的轨道上让社会各方共同参与市场监管体系建构、共同治理社会公共事务、共同分享机制创新及市场规范管理成果，有效破解了监管力量不足、监管难度加大、缺乏有效监管机制、"治乱循环"困境等监管困局，大幅提升了监管效能，提供了新时代市场监管领域的"东莞样本"，助力东莞市法治政府建设纵深推进，取得了法治政府建设的创新经验和显著成果。

（一）深化了新时代法治政府建设创新实践。构建高效透明的市场监管机制是新时代法治政府建设的一项重要任务措施。东莞准确把握党的十九大对依法治国的新要求，站在法治政府建设的最新历史方位，准确把握、诠释和实践了法治和改革之间的辩证关系，运用法治思维和法治方式构建科学市场监管体系，契合了法治政府建设的最新发展目标和方向，对于落实《法治政府建设实施纲要》，打造共建共治共享社会治理格局，满足人民美好生活需要发挥了积极作用。通过整合执法监管资源，加强监管信息共享，监管部门从过去"等人上门"办事，改为"出门找人"服务，颠覆了"以审代管"、"只批不管"的传统监管方式，进一步规范了监管过程和行为，促进了政府信息公开；推进以法治为基础的社会多元治理，在市场监管中引入社区网格员力量，将政府管理与服务的触角前置延伸到基层，引入企业、协会等多元治理主体的网格共治模式等，为构建社会共建共治格局探索了样本经验。东莞始终以法治精神为内核，对事中事后监管各项措施进行制度集成，推动市场监管工作实践和法治政府建设与时俱进、不断创新，加快了东莞法治政府建设步伐，为法治政府建设示范区创建提供了"东莞方案"，也为广东省乃至全国法治政府建设提供了有益经验和借鉴。

（二）形成了可复制可推广的"东莞样本"。东莞立足于地方实际，遵循"局部试点—总结经验—立规推广"的思路，确保重大改革于法有据，贴合企业需求和基层实际，在现有法律体系内进行最大限度的创新突破，参与制定全国商事登记制度改革方案、《广东省商事登记条例》、《广东省市场监管条例》等，将试点经验上升为顶层设计和法规制度；法律法规没有规定的，严格按法律程序取得授权或政策支持。东莞深化商事制度改革创新实践经验具有极强的可复制性和可推广性，目前已被全国各地广泛学习借鉴，"大数据市场主体监管新模式"被商务部等13个部门作为全国构建开放型经济新体制综合试点试验首批典型试点经验和模式，向全国复制推广。2016年以来，原国家工商总局、省工商局先后4次组织地方党政领导干部、省工商局局长到东莞开展现场教学；国家工商总局行政学院先后20多次邀请东莞介绍实践经验；东莞多次承办全省商改后续监管工作推进会、全省基层改革创新工作交流会等重要会议；全国各地400多批次考察团到东莞调研交流。2018年4月，东莞作为全省唯一的商事制度改革先进典型，在广东省全面深化改革工作会议上作经验介绍。10月，全国第一个商事制度改革体验馆在东莞开馆，致力以此打造法治政府建设示范基地，进一步提高"东莞样本"的可复制性和可推广性。

（三）助力"放管服"改革纵深推进。如何接得住、管得好、服务优，一直是"放管服"改革的重点和难点。东莞构建科学市场监管体系，始终坚持做好简政放权的"减法"、加强监管的"加法"和优化服务的"乘法"，以完善市场监管体制机制为着力点，不断提升市场监管的现代化水平，健全符合习近平新时代中国特色社会主义思想要求的市场监管模式。"一平台三工程"不断提升"管"的效能，有效打破了部门、镇街间的"信息孤岛"，实现了市镇村三级信息共享、监管联动，同时通过不定期组织跨部门联合执法行动、建立跨部门执法联动机制、加强与司法机关对接等方式协同执法，编织强力的后续市场监管网络。不断深化"服"的范畴和层次，抓好"跑动次数"、"办事时间"这两项影响群众和企业获得感的"硬指标"，努力使东莞成为全国行政审批程序最规范、审批时限最短、政府服务最优的城市之一。东莞将"最多跑一次"列入提高行政服务水平和行政监管效能的两大考核指标之一，除特殊情况外，所有事项到政府"最多跑一次"，企业开办实现全程"零跑动"。

（四）促进了法治化营商环境优化提升。构建科学市场监管体系，依法实现"严管"、"善管"，用政府的权力"减法"和社会责任"加法"，换来了市场"乘法"。市场主体方面,东莞2017年新登记市场主体22.3万户,同比增长28.3%;其中,新登记企业10.2万户,同比增长23.5%。截至2018年9月底,全市市场主体总量达到111.4万户,较改革前翻了近一番,占广东省市场主体总量的1/10,占全国市场主体总量的1/100,市场主体总量、企业数量均居广东省地级市第一。开办企业便利度是一个地方营商环境的"风向标",根据广东省工商局、省社科院发布的《2016年度广东各市开办企业便利度评估报告》,全省21个地级以上市开办企业便利度进行综合评价和排名中,东莞位居广东省地级市第一。2016年营商环境问卷调查结果显示,88%的企业对东莞政务服务的总体评价是"好"或"很好"。2017年4月,东莞因推动工商注册制度便利化及时到位、积极探索事中事后监管新模式受到国务院通报表扬。2018年3月,中国人民大学国家发展与战略研究院发布《中国城市政商关系排行榜（2017）》,对全国285个城市的政商关系健康指数进行排名,东莞超越北上广深排名榜首。

义乌市"无证明城市"项目集萃

义乌市人民政府办公室

一　主要内容

义乌市牢固树立和贯彻落实新发展理念，深入贯彻党中央、国务院关于"放管服"改革各项决策部署，积极推进"最多跑一次"改革，全面清理各类证明材料，最大程度为群众和企业提供便利，率先打造"无证明城市"。

（一）定标准划范围，全面摸清底数

为了在实践中进行全面、精准清理，义乌对"证明材料"进行了界定，即群众（或市场主体）未持有、由市内权威部门开具、针对特定事项的

具有举证意义的盖章类材料。不包括：（1）各类证照，如身份证、学生证、营业执照等；（2）审核材料，如申请补助审批表、施工审批表等；（3）公证书，具有法律效力的司法文书；（4）诉讼证据，当事人在诉讼中为了举证主动提供的证据材料。同时，为方便群众办事，需要向市外相关单位出具的证明材料仍然保留，不纳入清理范围。

明确清理范围后，开展"横向到边、纵向到底"的拉网式梳理，横向涵盖政府机关、公共民生服务机构和金融机构（银行、保险），纵向细分至市级机关、镇街和村（社区）3个层级。同时，从各单位要求办事群众提供的证明材料（需求侧）和对外出具的证明材料（供给侧）双向对照梳理。共有证明材料270项，2017年办件量44.5万件，其中，政府机关和公共民生服务机构244项（办件量26.9万件），金融系统26项（办件量17.6万件）。

（二）做好风险评估，六个"一律取消"

为了打造"无证明城市"，市内所有证明材料通过六个"一律取消"清理到位，包括：（1）凡是没有法律法规明确规定的证明材料，一律取消；（2）凡是开具证明的部门、镇街或村居无权查证、无法开具的证明材料，一律取消；（3）凡是能够通过申请人现有证件、凭证办理的，一律取消；（4）凡是能通过申请人书面承诺等信用管理手段解决的证明材料，一律取消；（5）凡是能通过部门间会商核查或实地调查核实的证明材料，一律取消；（6）凡是能通过"义网通办"等大数据信息平台实现数据信息互联共享的证明材料，一律取消。

同时，为了避免证明取消后群众办事更不便利或者出现监管空白，每批证明材料清单公布前，相关单位都要完成风险评估和试单确认工作。如金融系统减证明过程中，金融办、数管中心、银行保险机构等多次会商，讨论数据开放、数据安全等问题，推动数据共享平台向68家银行保险机构延伸，在第四批公布取消26项金融系统证明。

（三）先易后难推进，分批公布取消

根据"成熟一批、公布一批"原则，共分四批取消。4月28日公布取消了包括落户村（社区）同意迁入证明、骨灰安放证明等70项证明；5月31日公布取消了学籍证明、姓名更正证明等57项证明；6月22日公布取消无犯罪记录证明、身份信息变更证明等59项证明；7月17日公布取消了以金融系统证明为重点的84项证明。

（四）强化督促检查，推动改革落地

一分部署，九分落实。行政服务中心设立"跑一次办不成"专窗，受理群众投诉和举报，倒逼改革进一步深化；建立全市减证明工作群，在全市14个镇（街道）各选取1个具有代表性的村（社区）设立监测点，随时掌握证明开具情况；组织有关部门开展"减证明"专项检查，走访了全市14个镇街133个村和社区，对出现仍要求群众提供证明材料、未及时优化办事流程等情况要求部门及时整改；"两代表一委员"开展体验暗访40余次，整理形成调研意见11份，督促政府部门限期改进提升，推动减证明材料改革落地见效。

二 发起的动因和背景

义乌是一座锐意进取的创新城市，始终走在改革开放前沿，是改革开放全国 18 个典型地区之一。在政府改革方面，义乌以"最多跑一次"改革为核心，把企业和群众获得感作为衡量改革成效的唯一标准，秉持"只进一个门、只对一个窗、最多跑一次、最好不用跑"的理念，坚持刀刃向内，自我革命，推动政府职能转变，让更多的改革红利转化为市场活力、发展动力和区域竞争力。

全面清理证明材料是义乌深化"最多跑一次"改革的重要举措，一是问题驱动，可以解决群众在办事过程中到部门、村（社区）反复奔波开具证明的问题，包括许多程序烦琐、循环往复、无法开具的奇葩证明，切实提高群众获得感。二是目标导向，通过清理证明材料，找到背后反映的共性问题，倒逼政府自我改革，压缩权力任性空间，推动业务流程再造，打通部门之间的"信息孤岛"，系统化提升政府治理现代化能力和水平。三是可以提供可复制推广的经验，义乌市本地户籍人口 78 万，在册外来建设者 144 万，2017 年入境外商 54.8 万人次，常驻外商 2 万多名，各类经济主体超过 40 万，2017 年群众和企业办事提交证明材料 44.5 万件，通过有效的方式真正做到"无证明城市"，可以为全国其他地方清理证明材料提供好的途径和做法。

三 对实现法治政府建设目标的意义

（一）符合国家"放管服"改革的精神和目标

建设法治政府要求管住政府这只"有形的手"。党的十八大以来，中央在大刀阔斧推进行政审批制度改革的同时，提出了"放管服"改革思路，逐步厘清政府与市场的边界。2018年"两会"期间，李克强总理提出"六个一"，包括凡是没有法律法规规定的证明一律取消。义乌提出打造"无证明城市"是对中央"放管服"要求的积极响应，让群众和企业不再为毫无必要的事情多跑一趟，进一步转变行政管理方式，规范行政行为，提高监管效能，以实际行动增强人民群众实实在在的获得感。

（二）有利于推动政府加强事中事后监管方式创新

全面清理证明材料后各单位不得以取消证明为由放松监管责任，鼓励通过加强信息共享、加大失信联合惩戒力度等多种方式探索事中事后监管，推动政府监管职能和方式从注重事前行政审批向注重事中事后监管转变。例如，过去工商注册登记时需要提供企业住所（经营场所）的权属证明，无不动产权证的需要到镇（街道）或者村（社区）开具房屋权属证明，给基层增加了很多压力的同时并不能起到实质性证明作用。2018年4月，在改革中取消房屋权属证明，全面实施申报承诺制和信用监管，构建监管抽查比例与企业信用等级挂钩、企业信用等级与法定代表人个人信用挂钩的信用监管体系，新政每年惠及7万余商事登记主体。

（三）有利于打通"信息孤岛"加快政府数字化转型

证明材料繁多的堵点在于数据信息未打通，导致群众不断地在部门之间来回跑，通过取消证明材料倒逼部门打通"信息孤岛"实现数据共享，减少了部门沟通、行政协助的障碍，加快政府数字化转型。目前，义乌市数据管理中心已归集41个部门288个信息项数据，总计约3亿多条，开放各部门查询账号1425个，实现了营业执照登记信息、人口基本信息、婚姻登记信息、不动产登记信息等数据的互通共享，今年已累计查询约11万次。另外，针对暂时无法直接通过数据共享的证明，开发了证明材料核查板块，证明需求方在平台中发起申请、证明提供方及时反馈核查结果，实现从坐着收证明到主动协作核查的转变。

（四）有利于切实改进政府作风，方便群众

改革前，部门将一批核实认证的责任转嫁给基层承担，本应由行政部门调查核实取证的材料，要求群众到村、社区自行开具证明，包括许多无权开具、无法核实的信息，从"思想品德证明"到"同一人证明"、"无犯罪记录证明"等。能不能真正起到证明的作用不重要，盖了红色印章，出现问题后就可以规避风险，大大增加了基层人员的工作量，也滋长了单位部门脱离群众的官僚作风。通过改革，一方面，明确要求各部门从群众体验感的角度，举一反三，坚决砍掉各类无谓的证明材料，及时调整优化证明材料取消后的办事指南和流程，更好地方便民众办事创业。另一方面，实行开具证明动态监测制度，在14个镇（街道）设监测点，确保证明取消落实到位，且发动社会各界和办事群众定期监督，强化了对行政权力的制约和监督，有助于建设廉洁政府。

四　项目的受益情况

（一）群众获得感显著提升

打造"无证明城市"是对以往令群众反感的"奇葩证明"、"循环证明"、"重复证明"等打出的一记重拳，真正让群众少跑腿，办事更加便捷高效。比如，过去在申领教师资格证时，群众需到村（社区）开具"思想品德鉴定证明"，落户时需要村（社区）同意迁入证明（2017年办件量为30124件）等，通过取消各类证明材料，群众无须为了一纸证明来回奔跑，获得感显著提升。

（二）大大减轻了基层压力

过去许多证明材料需要群众到村（社区）开具，在调研中基层反映开具证明占据了大量工作时间，镇街、村（社区）的章成了"万能章"。从基层监测点发现，6月份以来村（社区）开具的证明材料大大减少，可以通过此次改革规范村（社区）印章使用管理制度，将更多的精力放到村（社区）自治服务上，提升自治功能和服务水平。

（三）体现善治的人文关怀

在改革过程中，实施了一批有温度的改革创新举措，如在全国首创特殊群体个人银行账户查询功能。改革前，如果存款人意外突然离世或丧失民事行为能力，需要继承人凭公证机构出具的《存款查询函》和本人身份证等相关证明到相关银行要求查询。由于继承人不完全掌握存款人银行账户信息，需要跑遍所有银行才能完全获取个人账户信息。改革后，通过信息系统汇集查询对象的银行开户等金融信息，有效解决群众"多头跑"问题。

（四）提升政府治理水平

在"互联网+"时代，提高政府治理现代化水平，就是要减少中间环节，实现扁平式、网格化服务。取消证明材料对各层级、各部门之间的工作配合、信息互通提出了更高要求，倒逼政府推动自身改革和建设。义乌成立了数据管理中心，加快打破信息壁垒，打通数据共享通道，真正解决各自为政、"信息孤岛"、效率低下等问题。

（五）加快转变服务理念

全市提出打造"无证明城市"目标后，政府部门紧跟改革节奏，主动转变工作模式、转变服务理念，彻底摒弃以往"多一份证明就多一份保险，就少一份担责"的"避责思维"，通过主动走下去、沉下去，了解真实情况、掌握一手资料、加强事中事后监管，为群众提供更好服务。

（六）优化营商环境

取消证明和其他"放管服"改革联动推进取得了良好的经济和社会效益。全市共精简了办事事项 383 项，一年可减少群众办事 81.65 万件，共削减办事材料 3140 项，削减率 41%，项均办事材料从原来的 6.54 份减少至 2.27 份，实现办事材料大瘦身、办事效率大提升，改善了投资经商环境。2018 年义乌新设市场主体 76649 户，比去年同期增长 44%，截至 9 月底，全市市场主体总量突破 43 万户，主体总数与新设数均位居全国县级市第一，着力打造最佳营商环境。

《广州市依法行政条例》

广州市人民政府法制办公室

一 项目的主要内容

广州市先行先试、大胆探索，出台全国首部全面规范依法行政的地方性法规，打造以法治手段和法治方式全面推动依法行政的"广州范本"。《广州市依法行政条例》（以下简称《条例》）以全过程规范行政权力运行为出发点，将依法行政的基本原则和要求以地方性法规的形式确定下来，对行政决策的程序、行政执法的规范、依法行政的监督和保障机制等作了具体规定，为全面提升依法行政水平，加快建成法治政府指明了前进的方向和具体的路径，具有鲜明的时代特色和广州特色。

（1）明确依法行政的基本原则和基本要求。目前，"依法行政的原则和基本要求"仅限于学理阐述以及国家有关文件之中。宪法和行政法领域出台的组织法、许可法、处罚法、强制法等许多法律，虽然都体现依法行政原则，但是并未对此明确规定。《条例》的一个亮点和特色，就是全面总结提炼了"依法行政的原则和基本要求"，并以专章形式集中统一规定。

（2）明确行政决策程序，确保依法科学民主决策。

行政决策是政府在履行职责过程中最常见、最主要的表现形式。《条例》充分吸收了近年来在行政决策方面的立法经验，并进行了许多全国领先的制度创新。一是区分一般决策和重大决策，将一般决策纳入其中，

对行政决策的调研、起草、听证、执行、变更等程序规则作了统一规定；二是对重大决策程序重点规定，明确重大决策的必经程序，对每一个程序环节的具体规则作了特别规定。特别是第 20 条采用列举的方式明确了重大行政决策的范围，很好地解决了重大行政决策事项难以准确识别的问题。

（3）严格规范行政执法行为，打造良好法治环境。

行政执法是社会管理的重要手段，是共建共治共享社会治理格局的保障。《条例》有针对性地作了许多制度创新。一是建立执法全过程记录制度，调查取证、询问当事人、行政强制等行政执法活动，要求采用音像方式同步记录。二是建立行政执法裁量权基准制度，细化量化行政裁量标准，规范裁量范围、种类、幅度并向社会公布。三是建立行政执法协调机制和执法分析报告制度。四是加强基层执法力量建设，推进执法重心下移，按照管辖区域面积、常住人口和案件数量等因素合理配置资源。

（4）创新监督手段，保障依法行政顺利推进。"权力必须受到监督"，这是法治的基本理念之一。《条例》在上位法规定的基础上，针对监督政府行为方面做出了许多制度创新：一是加强人大监督，强化地方性法规实施的监督，创设法规实施前准备情况报告制度。二是强化对预算和政府投资的监督，市人大及其常委会对于意见分歧较大的预算和政府重大投资项目建立单项表决机制。三是实现审计全覆盖，创新监督方式。四是强化公众监督实效，建立公众投诉、举报统一受理、分类处置、统一反馈机制。五是建立工作人员定期学法制度、政府法律顾问制度、依法行政考核制度和责任追究制度等。

二 项目发起的动因和背景

党的十八大之后，国家对依法治国提出的一系列新要求，广州也取得了很多有效经验，为了将有关经验做法予以总结、固化、提升和推广，2012 年委托广州大学和广州市社科院开展《广州市依法行政条例》立法研究，2013 年正式开始起草，2014 年提交市人大审议，2016 年审议通过，2017 年 5 月 1 日正式施行，历时五年时间，充分吸收了社会公众、专家等各方面的意见，以地方性法规形式夯实了我市推进法治政府建设的制度基础，为经济社会发展提供更加有力的法治保障。

（1）适应法治政府建设的新形势和新要求。十八大报告中提出 2020年全面建成小康社会的宏伟目标，明确提出了"依法治国基本方略全面落实，法治政府基本建成"的任务与要求。党的十八届四中全会审议通过《全面推进依法治国若干重大问题的决定》，绘制出法治政府建设的新蓝图。中共中央国务院印发《法治政府建设实施纲要（2015 — 2020 年）》，对法治政府建设提出了具体要求和任务。

（2）适应推进法治化营商环境的内在需要。

广州是广东省省会、国家历史文化名城、国家重要的中心城市、国际商贸中心和综合交通枢纽。广州毗邻港澳，作为超大城市及中国经济第三城、21世纪海上丝绸之路重要枢纽、全国新一轮改革开放先行地，广州公开透明的法治环境一直处于全国前列。2017年《政府工作报告》中提出推动粤港澳大湾区建设，十九大报告中明确粤港澳大湾区建设的任务，广州发挥着示范引领作用。习近平总书记要求广东在构建推动经济高质量发展体制机制、建设现代化经济体系、形成全面开放新格局、营造共建共治共享社会治理格局上实现"四个走在前列"。广州处于粤港澳大湾区的中心，是广东实现"四个走在全国前列"的排头兵，是向世界展示践行习近平新时代中国特色社会主义思想的重要"窗口"和"示范区"，必须进一步优化法治化营商环境，努力把广州建设成为法治环境最好的城市之一。

（3）深化法治政府建设探索创新的内在需要。广州市依法行政的总体水平一直位于全国前列，2017年荣获"法治政府建设典范城市"称号。广州市围绕法治政府建设积极探索、先行先试，在政府信息公开、规范决策程序、执法自由裁量、行政备案多个专项领域，在全国率先出台规章制度，形成很多成熟的经验制度，需要深入总结并进行推广。同时，为避免依法行政内在动力不足、制度设计过于零散、制度缺乏刚性、保障措施不力等问题，需要制定地方性法规，对依法行政进行全面规范。

三　项目对实现法治政府建设目标的意义

地方政府如何全面推进依法行政、建设法治政府，没有固定的路径可寻，唯有不断地摸索和创新。《条例》是全国第一部对推进依法行政工作进行全面、系统规定的地方性法规，为实现法治政府建设的目标提供了广州方案。《条例》的出台凸显了广州以法治理念推动发展的决心，展示出广州一贯敢为人先的创新精神，必将有力推动依法行政工作的全面进步，顺利实现率先基本建成法治政府的目标。

（1）全面系统规范依法行政，提供建设法治政府的"广州方案"。《条例》围绕推进依法行政、建设法治政府，从规范行政权力运行出发，立足于保护公民、法人及其他组织的合法权益，将广州多年来的努力成果以地方性法规的形式加以固化，进行了全面整理、完善丰富和有机整合。广州在全国率先探索制定依法行政地方性法规，提供了建设法治政府的

"广州方案"，为深化法治政府建设探索创新提供了有益尝试，为广州进一步优化法治化营商环境，成为实现"四个走在全国前列"的排头兵，成为向世界展示践行习近平新时代中国特色社会主义思想的重要"窗口"和"示范区"提供了制度保障。

（2）奠定依法行政的制度基础，更高起点谋划法治政府建设。多年来，广州市积累了比较丰富的法治经验，但其成果多以规章及规范性文件的形式体现，法治成果的系统性、执行性和实效性不足。《条例》全面、系统地对依法行政工作进行了规范，拔高了广州市依法行政制度设计的位阶，奠定了全面规范依法行政的制度基础，是广州市全面推进依法行政、建设法治政府的重要法规依据，广州市法治政府建设从此将站在更高起点上进行谋划。

（3）整合社会各界力量，全面提升城市治理法治化水平。《条例》结合本地实际，围绕法治政府建设中的重点难点问题，在行政决策、行政执法、行政监督和依法行政保障等方面提出了诸多切实可行、切中要害的落实措施，全面提升了依法行政的精细化水平。《条例》对法治政府建设的重要任务，确定责任归属，明确完成标准，确保法治政府建设落到实处。《条例》的实施，进一步提高了广州政府各部门依法行政工作的参与度，充分释放人大监督、司法监督和社会监督的力量，依法行政工作形成规范有序、系统推进、保障有力的工作格局，推动法治事业由自上而下的"管理"向共通共融的"治理"转变，标志着广州市依法行政工作进入新的阶段。

四 项目的受益者及其受益的情况

《条例》的制定和实施是落实全面依法治国方略、建设法治广州的一件大事，对于规范行政行为，保障公民权利，建设法治政府、创新政府、廉洁政府和服务型政府具有重大而深远的意义，全社会法治化营商环境将不断优化，全市1400多万广大市民都将因此获益。

（1）依法行政有法可依。各级政府、各部门按照《条例》的规定，认真履行"合法合理、公开公正、高效便民、诚实守信、权责统一"的法治理念，加快建设法治政府、责任政府和服务型政府。在履职过程中将严格执行法治建设第一责任人职责，充分发挥行政首长在推进本地区和本部门法治政府建设中的关键作用。全市依法行政意识极大提升，依法行政工作整体推动格局初步形成。成立广州市依法行政工作领导小组，市长担任组长，并建立完善配套制度。开展宪法宣誓，开展市政府全体会议和常务会议学法，推动领导干部学法常态化。健全依法行政报告制度，加强依法行政考核监督。

（2）行政决策更科学民主。广州市各级政府将按照《条例》的要求，严格落实《广州市重大行政决策程序规定》，推动落实重大行政决策目录制度，确保重大行政决策科学民主。2017年和2018年共计24项纳入市政府重大行政决策目录，4项纳入重大行政决策听证事项目录，严格履行决策法定程序，通过公开征求意见、线上线下听证会和专家论证会等多种途径，不断增强社会公众、人大代表、政协委员、法律顾问参与重大行政决策的深度和广度。2018年中国法治政府评估中，"行政决策"一级指标广州排名全国第一。

（3）行政执法行为更加规范。全市各级行政执法部门公开执法职权、程序、依据和流程。全面落实行政执法自由裁量基准制度，对9大类行政执法行为进行全面规范。行政执法全过程记录制度得到有效推进，相关配套制度、执法记录仪等执法保障有效落实，实现行政执法全过程留痕和可回溯管理。探索行政执法智能化管理，行政执法监督系统开始试运行，对行政处罚行为初步实现全覆盖监管。行政执法争议协调解决机制效果显著，有效解决了有关部门行政执法职权交叉问题，如市食药局与工商、质监、农业等部门长期存在的监管职权争议问题得到了清晰有效的厘定。

（4）依法行政保障机制更加完善。完善政府工作人员定期学法制度、领导干部任职前法律知识考查和依法行政能力测试制度，实行公务员晋升依法行政考核制度。强化政府法律顾问在制定重大行政决策、推进依法行政中的重要作用。建立健全依法行政考核制度，建立责任追究制度。有力提高领导干部自觉运用法治思维和法治方法履行职责、推动工作、促进发展的能力，打造法治政府和责任政府。

（5）法治营商环境不断优化。《条例》颁布后，法治政府建设各项工作依法不断推动，广州法治营商环境不断优化。与此同时，广州市将坚持法治教育与法治实践相统一，将《条例》的宣贯与珠三角法治政府示范区创建工作紧密结合，着力聚焦法治建设的生动实践，不断提升舆论引导水平，通过报纸、电视、网站、微信、微博等多种形式和途径，积极宣传《条例》的主要内容，引导全社会关心和支持依法行政工作，进而在全社会营造尊法守法的法治氛围。2011～2017年，5次获得福布斯中国大陆最佳商业城市第一名。

五 项目之前已经获得的其他荣誉

《广州市依法行政条例》出台后获得网易新闻、南方都市报、大洋网、南方网、凤凰资讯等媒体高度关注，并给予高度评价，称其是全国首部规范政府行政行为的地方性法规，将权力关进了制度的笼子。2018 年 7 月 28 日，"《广州市依法行政条例》实施"顺利获得广州市法治化营商环境建设十大案（事）例奖。

云南省行政规范性文件制定标准与
备案审查制度体系

云南省人民政府法制办公室

一 项目的主要内容

云南省行政规范性文件制定标准与备案审查制度体系（以下简称制度体系）是贯穿于规范性文件制定、审查、备案、发布、监督、清理、评估和考核等各环节的基本遵循，该体系由基本制度、技术规范、监督考核三部分组成，运行于规范性文件监督管理的全过程。

（一）体系构成

1.基本制度。该体系是以省政府规章《云南省行政规范性文件制定和备案办法》为制度核心，以《云南省人民政府办公厅关于贯彻实施云南省行政机关规范性文件制定和备案办法的通知》、《云南省人民政府办公厅关于进一步规范公文报送工作有关事项的通知》、《云南省人民政府办公厅关于实行规范性文件"三统一"制度的通知》、《云南省行政规范性文件制定技术规范》、《云南省人民政府办公厅关于进一步加强行政规范性文件制定和监督管理工作的通知》等 10 余份文件为配套，多项制度合力发挥作用的制度模式。

《云南省行政规范性文件制定和备案办法》颁布实施新闻发布会

2. 技术规范。为了进一步规范行政规范性文件制定工作，提高规范性文件制定的质量和水平，避免行政机关在制定过程中的随意性，云南省两次修订并印发《云南省行政规范性文件制定技术规范》。主要从规范性文件的基本体例、名称规范、章节设置、条款表述、通用条文、常用词语、标点运用等方面进行了内涵解释和规范要求，尤其是对规范性文件起草工作中可能造成混淆、产生适用错误的概念、表述方式等进行剖析、界定和规范，是地方政府在规范性文件管理工作中的重要制度创新，推动该项工作进入精细化管理阶段。

云南省行政规范性文件制定技术规范的通知及实用手册

3.监督考核。为保证规范性文件制定标准与备案审查工作取得实效，云南省确立了以下监督考核机制。一是评估机制。制定机关应当于规范性文件有效期届满前6个月对其实施情况进行评估，评估后确有必要继续施行的，应当重新发布，有效期相应重新计算。二是清理机制。法制机构应当组织开展本地本部门规范性文件全面清理和专项清理，维护法制统一。三是监督机制。建立了全省"四级政府、三级监督"的规范性文件审查体制，建成并投入使用网上备案审查系统，云南省规范性文件备案审查信息化管理在各州市政府和省级部门实现全覆盖。四是考核机制。把规范性文件备案审查工作作为依法行政考评的重要内容，同步列入当地党委、政府年度综合考评。

（二）运行机制

云南省的规范性文件制定与备案审查工作按照以下机制运行。

1.确认制定和审查主体。要求县级以上政府法制机构依法确认规范性文件制定主体，非经确认，不得擅自对外制发规范性文件。规定法制机构具体负责本地本部门规范性文件的合法性审查和备案工作。

2.严格制定程序和内容。要求规范性文件制定一般应当经过起草调研、公开征求意见、专家论证、合法性审查、集体讨论决定、登记编号、公布、备案等程序，属于重大行政决策的规范性文件，还应当按照有关规定进行风险评估。对四类可以制定规范性文件的事项和七类不得通过规范性文件进行设定的事项进行了明确。

3.明确审查内容和效力。要求法制机构从规范性文件的制定主体、制定权限、制定依据、制定程序、制定内容等方面进行合法性审查。未经法制机构审查或者经审查不合格的，不得提请审议或者印发执行。

4.规范决定和发布程序。要求规范性文件应当根据权限经县级以上人民政府常务会议或者乡（镇）长办公会议、政府部门办公会议决定。对于拟发布的规范性文件，要求各地各部门办公厅（室）统一登记、统一编号、统一印发，并通过公报、本机关政府网站等向社会公布，未向社会公布的规范性文件不得作为行政管理的依据。同时对规范性文件的有效期进行了明确规定。

5.强化备案和监督管理。要求规范性文件应当自公布之日起15日内，由制定机关根据不同情形和权限，报送同级人大常委会和上一级人民政府等有关机关备案。法制机构负责报送政府备案的规范性文件的审查和监督工作，提出审查意见，定期通报备案审查情况，公布备案目录。公民、法人和其他组织可以向制定机关书面提出规范性文件审查建议。制定机关应当开展规范性文件评估工作，每5年进行一次全面清理。

二 项目的建设情况和主要特点

（一）建设过程

云南省的制度体系建设始于1990年，以省政府文件出台《云南省行政机关规范性文件备案规定》为初步创建标志，对行政诉讼法中有关"规范性文件"法律效力的问题进行了积极回应。2004年，在全国较早出台省政府规章《云南省行政机关规范性文件制定和备案办法》，标志着制度体系的初步完善。

党的十八大以后，制度体系建设持续提速，按照《云南省法治政府建设规划暨实施方案（2016—2020年）》关于"加大规范性文件审查力度"、"完善规范性文件备案审查机制"、"建立文件清理长效机制"等要求，2016年以来，云南省修订了《制定和备案办法》，出台了《云南省行政机关规范性文件制定技术规范》等多项措施，审核并向社会公告规范性文件制定主体，持续加大文件制定和审查备案力度，标志着制度体系的日臻完善。

可以说，云南省的制度体系建设始终与法治政府建设同步，是近30

年不懈努力的成果结晶。

（二）主要特点与创新

一是起步较早、持续完善。该制度体系初创于 1990 年，历经近 30 年的建设、发展和完善，最终形成了以省政府规章为核心、多个制度为配套的完整体系。

二是系统性强、功能完备。该制度体系在框架结构上集基本制度、技术规范、监督考核为一体，在实施范围上覆盖省、州（市）、市（县、区）、乡（镇、街道办事处），在运作流程上贯穿于规范性文件制定、审查、备案、发布、监督、清理、评估和考核等各环节。

三是成效显著、可资借鉴。在全国率先将规范性文件制定审查工作作为一项系统工程进行建设，为全国建立统一完善的规范性文件制度体系提供了参考，为创新规范性文件制定和监管作出了示范，有效提升了云南省规范性文件的制定质量，为推进云南省的法治政府建设发挥了积极作用。

三　项目实施后的实际效果

（一）制发主体不适格的现象基本消除

在全国省级层面率先确认和公布第一批省级部门规范性文件制定主体资格。经省人民政府同意，2016 年 8 月 18 日省法制办发布《关于公布第一批省级行政机关规范性文件制定主体的公告》，通过《云南日报》、云南省政府门户网站等媒介向社会公布省级行政机关规范性文件制定主体。第一批省级行政机关规范性文件制定主体，除省人民政府及省人民政府办公厅以外，还包括 25 个省政府组成部门、1 个省政府直属特设机构、14 个省政府直属机构和 14 个其他省级有关单位。16 个州市也相继对本级和所辖县（市、区）规范性文件的制定资格予以确认和公布。制定主体资格审查制度建立以来，行政机关的议事协调机构、临时机构、部门管理机构、派出机构和内设机构制发规范性文件的情况基本消除。

（二）规范性文件制定质量稳步提高

截至目前，云南省人民政府现行规范性文件共 229 件，全部依照该制度体系进行管理。2005 ～ 2018 年，省法制办对省政府制定的 2210 份文件提出合法性审查意见。2011 ～ 2018 年，云南省人民政府报送云南省人民代表大会常务委员会备案的规范性文件共 101 件，全部通过审查。仅 2016 ～ 2017 年，省法制办对拟由省政府印发的 664 份文件进行合法性审查；对 16 个州市政府、50 个省级部门报送登记的 171 件规范性文件进行了备案审查，不予登记或要求修改 19 件；处理 14 件公民、法人和其他组织提出的规范性文件审查建议。各级法制部门的审查范围涉及稳增长促发展、民族团结进步、生态文明建设、"放管服"改革、脱贫攻坚工作等行政管理的各个方面。此外，《云南省行政机关规范性文件制定技术规范》属于全国较早出台的由省级统一的行政机关规范性文件制定技术规范，且至今仅有少数省、市制定类似规范。该技术规范为全省各级行政机关工作人员制定规范性文件提供了及时、有效的技术参照和直接依据，大大提升了各地各部门制定规范性文件的质量和水平。

（三）各类文件违法的情况有效避免

云南省的合法性审查对象从规范性文件向普通文件延伸。仅 2017 年，全省各级政府法制机构就对 16000 余件各类文件进行了合法性审查，省法制办对其中拟以省政府名义发布的 845 件文件提出了合法性审查意见，纠正了 19 件州市和省级部门报送登记备案的问题文件。从源头上预防了"越权发文"、"带病文件"、"奇葩文件"的制发。

（四）文件清理工作得到规范

按照该制度体系确定的标准，云南先后组织开展了 5 次文件全面清理和 16 次专项清理工作，清理省政府规范性文件 775 件，废止 75 件，修改 134 件；清理省政府各类文件 37063 件，废止 931，修改 271 件。形成了全面和专项、定期和不定期相结合的清理制度。

四　项目对法治政府建设的意义

（一）为全国建立统一完善的制度体系提供参考

云南省从 20 世纪 90 年代即开始进行该项工作的探索和实践，在全国实现了"五个领先"：领先开展规范性文件备案审查工作并制定规章；领先对规范性文件的制定技术进行规范；领先确认第一批省级行政机关及事业单位规范性文件制定主体资格；领先确立行政规范性文件制定标准与备案审查制度体系；领先建设"互联网＋规范性文件审查"系统，实现全省统一的规范性文件网上报备审查。云南省的经验做法，对全国建立规范性文件审查制度体系具有参考价值，也为其他省份开展此项工作提供了有益借鉴。

（二）为创新规范性文件制定和监管做出示范

通过基本制度建设，构建了较为完整、便于操作和可以复制的文件制定和监管模式。通过技术规范建设，文件的制作更加规范。监督考核机制建设，有利于检验文件制定质量和水平，及时发现已制发文件中存在的问题并及时补正。该体系的有效运行，有利于行政机关把握文件制定的合法性、适当性和规范性，也有利于法制机构把握文件审查的原则、程序、方式和方法。

（三）为顺利推进法治政府建设发挥作用

云南省的制度体系是依法行政制度体系建设的重要组成部分，能够解决规范性文件与法律、法规和其他有关上位法相抵触、规范性文件不得相互矛盾的问题，维护法制统一。有利于提高各级行政机关依法行政能力，提升依法决策水平，从源头上起到预防和减少具体违法行政行为的发生。也有利于增强政府与人民群众的密切联系，提升政府的公信力，维护社会公平正义，保障人民群众合法权益，构建和谐社会。

（四）为云南省的中心工作提供法治保障

"建设民族团结进步示范区、生态文明建设排头兵和面向南亚东南亚辐射中心"是习近平总书记对云南发展的定位。云南要紧紧围绕这三大定位闯出一条跨越式发展的路子，法治是重要保障。这就要求行政机关的决策不得同宪法和法律相抵触，不得干扰法律、法规的正确实施。制度体系的建立，对政府机关的抽象行政行为予以监督和制约，有力推动了云南经济又好又快发展。

五　项目获得的荣誉

作为全国规范性文件监督管理的试点省份，云南省在全国创新开展完整的制度体系建设，国务院法制办对此给予了高度评价和认可，多次在全国性会议上进行了经验交流，各省区相继到云南考察学习。新华社云南分社、人民日报社云南分社等主流新闻媒体先后进行了报道。

云南省人民政府法制办公室在全国完善规范性文件合法性
审查机制座谈会上交流发言

下一步，云南省将围绕如何提高规范性文件合法性审查权威、如何加强文件的实效性评估、如何发挥网络监管作用等方面进一步完善该制度体系。

临夏市"以地为主、兼顾房屋"征地拆迁补偿模式

甘肃省人民政府法制办公室、临夏市人民政府

一 项目的主要内容

2010 年以来,临夏市在征地拆迁工作中,探索创新出拆迁补偿"以地为主、兼顾房屋"模式,在大面积、大范围的征地拆迁工作中,杜绝了"炮楼"现象的发生,未发生一起大规模群体性上访事件,未引起一起重大群体性矛盾纠纷,也未引起行政复议和行政诉讼,广大人民群众的切身利益得到很好保障,生产生活环境得到大幅度改善提高,城市面貌日新月异。

根据现有法规政策,现在的城市国有土地上的房屋征收补偿,以房屋面积为主要标准,房屋面积大则征收补偿费高,导致被拆迁人以单纯获取拆迁补偿为目的,在征收决定作出前,加盖、扩建没有实际使用价值的房屋,即所谓的"种房子"、"小炮楼"现象,既极大地影响城市规划建设,又造成极大的资源浪费,是当前城市建设和改善居民居住环境的重点、难点、热点问题。

临夏市作为一个西部地区的县级市,居民的老旧房屋以院落式为主,院落内房屋层高多为一至两层,少数为 3 层或 3 层以上。临夏市针对这种实际情况,在征地拆迁工作中探索施行以院落面积为主、以院落内房屋面积为辅的征收补偿计算标准,出台《临夏市征地补偿统一年产值标准》

和《临夏市城市规划区征地区片综合地价》，制定了《临夏市前河沿东路建设（城中村改造）方案》，确定房屋征收标准为：原有住宅占地面积的1.5倍，就近安置楼房或货币补偿（货币补偿标准为：原住宅占地面积乘以1.5乘以1980元，二楼每平方米809元，三楼每平方米405元，地下室每平方米405元补偿），取得了显著效果。在自2010年以来的征收补偿工作中，坚持沿用此种补偿标准，并做好政策宣传工作，使群众形成了突击加盖房屋、增加房屋面积得不到高额征收补偿、无利可图的心理预期，杜绝了"炮楼"现象的发生，基本上没有发生重大矛盾纠纷和群体性上访现象，也无行政复议和行政诉讼。使得有价值的城市历史风貌得以保护，新的规划建设顺利推进，城市面貌得到极大提升，城市旅游产业取得历史性的突破。

二 项目发起的动因和背景

临夏市地处黄河上游，位于甘肃省西南部，距省会兰州市117公里，属兰州一小时经济圈范畴，是临夏回族自治州州府所在地，全州的政治、经济、文化和商旅中心，全市辖区总面积88.6平方公里，城市面积27.5平方公里，总人口38万人，人口密度每平方公里4289人，是全国人口高密度县级市之一。境内有汉、回、东乡、保安、撒拉等18个民族，少数民族人口占总人口的55.3%，这里的砖雕、木刻、彩绘、花儿艺术、八坊民居、雕刻葫芦、紫斑牡丹和饮食文化独具特色，人文景观星罗棋布，风格别致。历史上是古丝绸之路的南道重镇，素有"茶马互市"、西部"旱码头"和"河湟雄镇"之称。近年来以全面提升城市综合功能和提高土地使用效益为核心，以改善群众居住环境、推进城区建设为目的，临夏市新型城镇化建设步伐不断加快，基础设施建设、安居保障性住房、城镇棚户区和城中村改造项目等建设项目日益增多，征地拆迁任务随之加重。征地拆迁是事关群众切身利益的大事，征地拆迁的成败，不但直接影响城市建设发展速度和进程，而且也关系到群众的生产生活质量和水平。所以，临夏市始终把维护广大人民群众的根本利益和促进城市建设发展有机结合起来，在征地拆迁工作中既要切实维护群众的合法权益，又要保护好有价值的城市文化风貌，既要考虑政府的财力，又要坚持依法行政，特别是还要维护公共利益和社会安定团结的大好局面，促进经济社会又好又快发展。所以，结合城市居民的居住特点和城市建设实际，探索出了以院落面积为主、以院落内房屋面积为辅的征收补偿计算标准，形成了"以地为主、兼顾房屋"征收补偿模式。

三 项目对实现法治政府建设目标的意义

经济社会要发展就要建设，要建设就免不了要拆迁。而征地拆迁工作：一头要保证各项重点工程及时用地，推动经济发展；一头又要依法保护被征地农民群众的合法权益，维护社会和谐稳定；因此，征地拆迁工作牵涉到政府、投资业主、拆迁实施单位和被拆迁群众等多方的利益，直接关系到社会的发展与稳定。近年来在土地、房价均有较大幅度上涨的情况下，征收补偿工作矛盾突出，社会影响面极广，影响程度极深，成为政府工作的难点、重点，直接关系彰显着法治政府建设的形象。

临夏市在征地拆迁工作中，在严格落实征地拆迁各项政策法规的基础上，根据经济社会发展，因地制宜，制定了以住宅占地面积补偿为主，房屋一楼以上、地下室建筑面积补偿为辅的拆迁补偿标准，探索出"以地为主、兼顾房屋"的征收拆迁模式，极大地减轻了征地拆迁难度，既保证群众受益不减，又防止坐地修建、漫天要价现象的发生，得到广大拆迁户的理解与支持，在全社会形成群众期盼通过政府拆迁改善自身生产生活环境的良好氛围。

对其他具有以院落为主（住宅占地面积人层数少）的住房情况的中小城镇的征收补偿工作具有推广价值。对国家城镇化战略过程中的城镇建设、历史文化古镇保护开发提供了成功的、可操作的征收补偿经验。弥补了以住宅占地面积为主要标准进行征收补偿方面的制度建设空白，能和现有的"以房屋面积为主"的征收补偿模式形成配套制度，满足不同地域情况的征收补偿需要。

四 项目的受益者及其受益的情况

近年来，市政府先后组织征收了临合高速公路、州医院、棚改房、临夏市污水处理厂扩建、奥体中心及市县快速通道等省、州、市重点建设项目的土地，各类建设项目共计征收土地7500多亩，发放各类征地补偿资金7亿多元。征迁房屋2966户，安置楼房8898套，安置总面积近89万平方米，为省、州、市重点项目建设提供了高效及时的用地保障，为城市建设和发展作出了重要贡献。

自2010年实施此种征收补偿模式以来，因征地拆迁发生矛盾纠纷的情况基本没有，作为民族地区，在城市大规模推进建设和修缮的过程中，连续几年未发生重大上访事件，保持良好的社会和谐稳定局面，实为少见。近年来，临夏市先后荣获"第六次全国民族团结进步模范集体"、"全国民族团结进步创建活动第四批示范单位"、"全省招商引资先进县"等荣誉称号，全市的社会和谐、民族团结、良好的营商环境因素是荣誉称号获得的不可或缺条件。

临夏的市容市貌整洁有序，没有其他城市普遍存在的"炮楼"现象，建筑的历史文化风貌保护完好，开发建设过程中基本无矛盾纠纷，群众非常理解和支持，也得到了旅游经济发展带来的实惠。例如，得益于未受私搭乱建影响、保护完好的城市老街区开发建设的"八坊十三巷"民族风情旅游区，已经成为国家 4A 级景区，成为甘肃省和临夏市的名片，既给城市带来了旅游产业，也给群众带来了丰厚的经济收入。

构建公共信用信息应用新机制
助推法治政府和诚信坪山建设

中共深圳市坪山区委政法委员会（司法局）

一　主要内容

自 2014 年 11 月 17 日以来，深圳市坪山区以《坪山新区社会信用体系建设规划（2014—2020）》为依托，深入开展坪山社会信用体系建设工作，在保障公共信用信息 ① 来源全面、准确的基础上，努力构建公共信用信息应用新机制。

（一）建立一套信用管理制度，奠定公共信用信息应用基础

采用"1+X 配套文件"的形式建立一整套涉及信息归集、共享、应用、保障、监管等全流程的信用管理制度，保证坪山信用制度建设的开放性和回应性，夯实公共信用信息应用基础，为坪山社会信用活动提供合法、公开和相对稳定的制度环境。"无救济则无权利"，信用管理制度注重对政府权力的限制与监督和对信用相对人权利的保护与救济，除印发《坪山新区社会信用体系建设规划（2014—2020）》之外，坪山区还制定了《坪山区贯彻落实守信联合激励和失信联合惩戒制度实施方案》、《深圳市

---

① 公共信用信息（又称政府信用信息）是指国家机关、群团组织以及依据法律法规行使公共事务管理职能的组织在履行职责、提供服务过程中产生或者获得的，可以用于识别、分析、判断信息主体信用状况的数据和资料。

坪山区公共信用信息管理工作细则》（以下简称《工作细则》）。根据《工作细则》进一步完善《深圳市坪山区公共信用信息建设领导小组办公会议制度》、《深圳市坪山区公共信用信息建设绩效考核暂行办法》等建设保障类规范，《深圳市坪山区信用红黑名单管理暂行办法》、《深圳市坪山区联合奖惩发起与响应操作规范》、《深圳市坪山区公共信用信息分级使用规则》等信息应用类规范，《深圳市坪山区公共信用信息异议处理暂行办法》、《深圳市坪山区公共信用信息修复暂行办法》等信息监督和救济类规范，《深圳市坪山区公共信用信息报告格式规范》、《深圳市坪山区公共信用信息核查工作规范》、《"信用坪山"平台信息审核发布工作规程》、《深圳市坪山区公共信用信息公示规范》、《深圳市坪山区公共信用信息查询服务指南》等信息格式类规范。

（二）整合一张信息应用清单，明晰公共信用信息应用范围

根据国家、省、市、区的相关法律法规和37份联合奖惩备忘录，结合坪山区工作实际，梳理、整合形成《深圳市坪山区公共信用信息应用事项清单》（以下简称《应用事项清单》）。《应用事项清单》再次明确了审核转报、设立登记、行政处罚、行政给付、行政许可、行政审批、经营许可、日常监管、协同监管、招投标、政府采购、资金支持、表彰评优、分类评级、录用晋升15个应用类别，共计154项具体应用。依据《应用事项清单》归集、共享、应用、监管在企业监管、环境治理、食品药品安全、消费安全、安全生产、住建等领域的信息应用数据，有助于明晰全区各单位公共信用信息应用的范围和构建系统完善的大数据监管模型。

（三）搭建一个信用服务平台，助推公共信用信息应用落地

坪山区按照"共建共享"原则，借助深圳市公共信用信息系统，以"制度建设、平台实施"为主线，积极搭建本区公共信用信息平台（以下简

称信用平台）。信用平台旨在构建全过程、多层次、条块结合的信用信息共享及应用的安全平台，归集、存储、整合、监管本区信息主体的公共信用信息，提供公共信用信息查询和共享服务。信用平台重点对接人力资源、城管、环水、卫计、住建等执法单位的市场监管数据、法定检验监测数据、违法失信数据、投诉举报数据和企业依法依规应公开的数据，实现对全市信用信息以及坪山区自有特定数据的有效归集和监管，实现公共信用信息的协同监管、政务应用和社会应用，致力营造良好的"守信联合激励、失信联合惩戒"法治营商环境和社会信用生态。

二　动因和背景

（一）社会信用体系建设的落脚点在于应用

信用是市场经济的基石。在互联网时代，我们从"熟人社会"走向"陌生人社会"，对诚信建设提出了更高的要求。良好的社会信用，有助于降低交易成本、提高生产效率，保障市场经济可持续健康发展。十八届三中全会通过的《中共中央关于全面深化改革若干重大问题的决定》指出，建立健全社会征信体系，褒扬诚信，惩戒失信。国务院发布的《社会信用体系建设规划纲要（2014—2020年）》指出："社会信用体系建设以健全覆盖社会成员的信用记录和信用基础设施网络为基础，以信用信息合规应用和信用服务体系为支撑。"公共信用信息的合规应用是社会信用体系建设的落脚点。

（二）公共信用信息应用的困难点在于落地

目前国家相关部委已经签署了 37 份联合奖惩备忘录，为开展部门联合奖惩提供了有力依据，但是由于分领域签署的备忘录缺乏系统性、实操性，导致难以有效开展部门联动，削弱了联合奖惩的实效。和联合奖惩一样，公共信用信息的各类应用目前在全国各地均存在落地困难的问题。为充分发挥公共信用信息在监管、决策、服务社会等方面的应用价值，亟须建立一系列有效的落地解决方案。

（三）公共信用信息落地的关键点在于平台

自 2014 年以来，坪山区积极探索公共信用信息在多领域的落地。坪山按照"以用促建，以建推用"原则，借助深圳市公共信用信息系统，结合本区公共信用信息系统建设的实际情况，打造本区信用平台。信用平台建设以信用制度体系建设为先行保障，建立了坪山区信用信息库、坪山信用网、信用信息管理系统及信用数据接口，并打通国家信用中心授权对接关联企业查询接口，联合中国人民银行、银联钱包共同签署"诚信坪山"社会信用体系建设合作框架协议，积极统筹推进信用体系建设。

三 项目意义

（一）首创风险信息分类，增强公共信用信息的风险防控功能

信用信息分类是信息归集和应用的重要前提。坪山区对信用信息的分类包括基本信息、守信信息、失信信息、风险信息和其他信息，涵盖

信息主体生命周期全过程，其中风险信息为坪山首创。目前发改委及大多数省市按照信用信息性质大致将信用信息分为基本信息、良好信息和不良信息。但在实际操作中，存在大量信用信息无法被定义为良好或者是负面，而这些信息对信息主体的履约能力、失信风险等方面的信用评价有重大影响。例如发生法律效力的民事判决、裁定、决定，劳动争议仲裁裁决等涉诉涉裁信息；正在审理的案件信息；日常监督检查、约谈、行政措施等过程性信息；信用修复信息；信访时所登记确认或者通过提交信访诉求材料所明确的相关信息；基本信息的变更信息等。因此，坪山把上述信息定义为风险信息，提示信息主体查阅、参考，进一步发挥公共信用信息的风险防控功能。

（二）区分两类约束标准，明确公共信用信息的行为导向功能

在对公共信用信息的应用要求方面，坪山区划分了强制应用和推荐应用两类约束标准，发挥公共信用信息的行为导向功能。在坪山区《事项清单》154项应用中，强制应用有75项，推荐应用有79项。例如，在设立娱乐场所经营资质审批以推荐应用为主，而在建设工程等重点领域则以强制应用为主。推荐应用标准具备灵活性，尊重各部门之间的差异，增强政府履行行政监管职责的自主性；强制应用标准被赋予强制性，具备一定的约束力，强化政府履行行政监管职责的担当性。

（三）丰富信息应用场景，提升公共信用信息的多元服务功能

依据坪山区制定的相关制度，公共信用信息的应用包括信息披露、主体资格准入、协同监管、联合奖惩、辅助决策、商务应用及社会应用等三大领域的七个方面。《事项清单》对应用单位、事项类别、应用事项、相对人、业务环节、实施方式、实施依据、应用手段进行了全面梳理。针对法人和非法人组织的应用，包括对登记设立、住建、环保等重点领域的资质核准，律师事务所、民营医院等主体的日常监管，均规定

了明确的应用事项；针对自然人的应用，包括在公务员招录资格审查时需强制查询申请人信用记录，对存在严重失信记录的人员不予通过。另外，在公租房申领、人才保障房申领、欠薪保障金申领、在职人才引进等多个场景都要求对信息主体进行信用核查。公共信用信息的服务功能在更多的公共服务和社会生活应用场景得以实现和不断提升。

四　受益者及其受益的情况

（一）政务领域应用：助力法治政府建设

"坪山信用网"目前已归集、入库2017年执法处罚数据，涉及单位16家，累计1161条。例如，行政相对人处罚位居榜首的某公司，2017年共收到区城管局所作出的处罚决定书14宗，发挥了较为有效的预警监管效应。"坪山信用网"根据各执法单位每月执法情况、执法数据量以及行政相对人处罚情况，实时更新行政执法公共信用信息。以热点、重点、难点为突破口，结合归集的公共信用信息，在城管、环水、查违、人力资源、安监、住建等公众关注的重点领域先行试行，助力法治政府建设。

（二）商务领域应用：打造法治营商环境

通过联合奖惩措施的应用，坪山商事主体的合规度和守信度大大提升，有效地提高了坪山商事主体及其交易对象的交易效率，降低了交易成本。坪山多措并举全力推进商事主体年报工作，年报率创 2013 年商事登记改革后新高。截至 2018 年 6 月底，全区应年报企业 20036 户，已年报 16469 户，年报率 82.2%，比去年同期提高 3.38%，暂居全市排名第二。试点领域装饰行业现已组织会员单位完成 3A 信用等级认证 7 家，诚信经营示范单位 4 家，归集数据涉及深圳市商事主体 684 条，坪山本地企业 436 条，法治营商环境效应初显。

（三）社会领域应用：推动诚信坪山建设

坪山信用网建成后，极大地提升了信息主体的自律意识，奖惩效果明显。结合执法信息管理、统计分析、后台管理等方面，通过对责任主体的主体类型、涉及行业、涉嫌违法的次数与周期、服务规模、主体年报、纳税涉诉等信息分析比对，对企业主体共设置 A、BBB、BB、B、CCC、CC、C、D 八类等次信用划分等级。坪山区的企业通过企业画像评级总数累计达 58378 家，其中 A 类 20992 家（占比 35.96%）；汇集了 8 万户商事主体，其中正常开业的 53263 户，注销 14489 户，吊销 14019 户。作为智慧坪山示范工程项目，信用平台现已归集、入库辖区企事业、社会组织、重点人群 62 家信源单位，185 项门类目录，累计归集数据 1576 项，入库可供查询数据 607643 条，其中企业数据 448443 条，自然人数据159200 条，并将打造完成全区统一综合执法监督、联合惩戒平台，实时发布"红黑名单"，对信用优者实施正向激励，予以政务优先办理；对信用劣者处以惩戒淘汰，增加违法企业及人员的违法成本，推动诚信坪山建设。

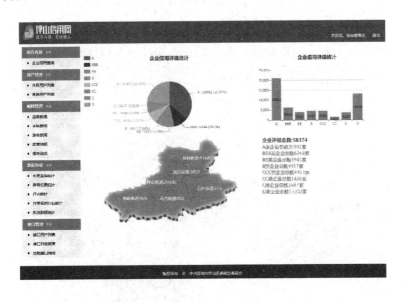

南京市城市治理法治化的创新实践

南京市城市管理局、南京市人民政府法制办公室

一　主要内容

2013 年 3 月 1 日,《南京市城市治理条例》(以下简称《条例》)正式实施,在全国率先提出了"城市治理"理念,南京的城市治理工作自此进入法治化、现代化的崭新阶段。《条例》实施五年来,南京市以制度创新为引领,以倡导多元主体共同参与为核心,以构建"以人为本、依法治理、权责一致、社会共治"城市治理体系为目标,推动传统城市管理模式向现代城市治理模式的根本转变,促进南京市城市功能品质和城市服务水平的进一步提升,为城市治理法治化、现代化的创新实践提供了"南京样本"。

一是深化公众参与,推进"城市管理"向"城市治理"的理念突破。《条例》第二章"公众参与治理"以法定的形式确定了公众参与城市治理机制。根据专章规定,南京市人民政府设立城市治理委员会,由公务委员部门和 45 名公众委员组成,南京市市长为城治委主任,在市城管局设城治办作为常设机构。市城治办下设公众联络、综合协调、督查指导和秘书处四个处室,负责日常工作。市城治委每年举行四次大会,全体委员参加。各区参照市城治委,分别成立区城治委和城治办。《条例》施行五年来,南京市城市治理委员会先后出台 8 项决议,有效解决了推进生活垃圾分类、停车难题、餐饮业油烟扰民等重难点问题矛盾。市区两级城市治理委员会的公众委员积极参与城管执法、标准化工作督查、小区治理等工作,

发挥了积极的作用。

二是优化整合职能,推进"部门管理"向"综合治理"的体制改革。《条例》作为南京市城市治理的"龙头法",涵盖"规、建、管"全流程,对建(构)筑物、建筑垃圾、物业、市政设施、户外广告和招牌设置、道路交通、停车、应急等八个方面作出系统性规定,确定了现代化城市治理的范畴和领域。《条例》实施后,南京市从优化整合政府职能入手,对涉及城市治理的行政权力进行全面梳理,同时采取既分设又联动的模式推进机构调整和权力配置,实现了决策、执行和监督的适度分离。出台了城市综合执法体制改革方案、《关于进一步深化城市管理体制改革的意见》等多项改革意见,围绕推进高效执法,构建了两级政府、三级管理城市执法机制及刚性考核的监督机制。

三是突出多措并举,推进"单一管理"向"现代治理"的执法创新。"柔性管理、最小损害"原则纳入《条例》,明确规定对当事人违法情节轻微,经教育后自觉履行法定义务,并且未造成危害后果的,可以不采取行政强制措施、不实施行政处罚,为全国首创。整合"数字城管"和城市基础设施地理信息系统等资源,以物联网为载体,构建统一管理平台,实现监控、调度、管理、考核及应急指挥的一体化。推行网格化精细化管理模式,形成市级联合巡防督查、区级条线巡防整治、街道辖区巡防管理网格化综合巡防体系,建立起"统一指挥、分级负责、市区结合、协调运转、责任落实、反应快速"的市、区、街一体网格化巡防管理新机制,这一模式在夫子庙灯会、国家公祭日等重大活动和日常街面管控中都发挥了重要作用。

二 动因和背景

南京市从多年大城管改革实践中认识到,传统的城市管理模式单向性、高权性和强制性的特点已经难以适应国家治理现代化的时代要求,而城市管理涉及规划、建设、市容环卫、市政设施、园林绿化、道路交通、环境保护等诸多领域，国家和省没有统一的法律、法规规范，也尚未形成系统完善、有机衔接的制度体系，同时很多重点、热点问题尚无明确的法律、法规、规章规定或者不够具体完善。2008年南京市大部制改革之后，大城管体制虽然已经基本形成，但在制度上还缺乏法定支撑，尤其需要结合市级行政权力下放对街镇执法权进行委托，实现管理重心下移。如何从系统、全局、综合的角度，立足于城市治理的新形势、新要求和解决重点、难点问题，推进构建高效权威的大城管体制和综合执法制度，有效提高城市治理的效率和水平，是南京市推进城市治理现代化、法治化的重要课题。

为积极推进城市治理现代化、法治化的创新实践，南京市政府法制办、南京市城市管理局和人民大学法学院启动"南京市城市综合管理立法研究"项目，被列入国务院法制办2011年重点课题。联合调研组开展了为期一年的立法调研，召开了13场调研座谈会，进行了18次现场实地考察，在此基础上形成了《南京市城市综合管理立法研究报告》和《南京市城市治理条例》的立法框架，邀请中国政法大学、清华大学、国家行政学院、国务院法制办、中央民族大学等高校、机关和研究机构的著名行政法、行政管理专家进行论证，并顺利通过国务院法制办的验收。2012年《南京市城市治理条例》被南京市人大列为年度立法项目，同年10月《条例》正式出台，2013年3月1日正式施行。此后，南京市以《条例》为引领，不断健全完善城市治理的制度体系，推进深化城市治理领域的体制改革和执法创新，形成了具有南京特色的城市治理法治化、现代化新格局。

三　对实现法治政府建设目标的意义

《南京市城市治理条例》首创城市治理新理念，率先建立了较为完备的地方制度体系，大力推行城市治理体制机制改革，对地方政府深入推进依法行政、加快建设法治政府具有重要的理论意义和实践价值。

一是为构建完备的城市治理制度体系提供了南京样板。南京市先后在城市规划、公共环境、公共基础设施、公共空间、公共秩序、应急管理等方面出台了 60 余部地方性法规和地方政府规章。《条例》更是在长期推进大城管改革成果的基础上，对城市治理的主体、范围、原则、管理体制、公众参与、行政执法等作出了系统性规定。《条例》正式实施后的五年内，南京市又先后出台了物业管理、房屋使用安全、禁止燃放烟花爆竹等 5 部地方性法规，以及市容市貌、生活垃圾分类、市政设施移交、停车管理等近 10 部政府规章，配套了一批城市治理领域的规范性文件，形成了健全完善的地方制度体系。这些制度建设紧扣城市治理创新的目标，解决城市发展和民生的实际问题，为南京市的城市治理提供了制度支撑，有效改善了以往部分领域立法、修法滞后导致的管理缺位问题和法律规定存在交叉导致的多头执法现象，使城市治理日趋规范化、法治化。

二是为深化行政程序公众参与提供了有效实践。城市治理的理念是共同参与、共治共享。南京市建立了承担组织、指导、监督考核、协调关系、依据授权决策等多项重要职能的城市治理委员会，并规定了十多种适用于基层、社区、市民和社会组织的参与治理方式。《条例》施行五年来，市区两级选举产生两届城市治理委员会，共产生 90 名公众委员，通过实地走访、问卷调查、网上调研等多种方式搜集社会公众意见十万余条。实践表明，南京在发挥公众委员参与城市治理方面，探索出一条行之有效、社会认可的方式方法，作为南京城市治理体系中一个重要组成部分，公众参与的南京模式，被全国很多城市学习和推广，被一些部门和政策研究机构重点研究。

三是为构建高效权威的城市综合执法体制机制提供了创新思路。南京市一直致力于创新和构建高效权威的城市综合执法体制机制，大城管体制改革的内涵，已经远远超越了单纯的城市管理相对集中行使行政处罚权改革试点，其实质是探索行政管理体制改革在城市治理领域的系统深化。五年来，在通过地方立法固化大城管体制改革成果的同时，南京市实现了城市治理决策、执行和监督的适度分离，构建了两级政府、三级管理的城市执法机制，在已有的集中执法、联合执法的基础上，创设了首查责任机关制、行政协助、信息共享、共同管辖、指定管辖等系列工作机制，在全国首创了"柔性管理、最小损害"的执法创新举措，推行"互联网＋城市治理"的现代化手段，同时制定并推行联合执法、行政执法争议协调、协管员管理、规范行政执法裁量权等配套规范性文件，为城市治理领域体制机制改革和执法方式创新提供了崭新思路和成功范例。

四　受益者及其受益的情况

南京市以制度引领城市治理法治化、现代化的创新实践，使城市功能品质得以显著提升。目前，南京已被国家定位为东部地区重要中心城市、长三角特大城市。包括全体南京市民、各级政府及其部门、事业单位、行业协会、社区等在内的城市治理的多元化主体都从中受益。

一是城市环境面貌焕然一新。五年来，城市精细化建设管理成效突显，南京市 56 条主次干道、869 条背街小巷完成环境综合整治，禄口机场、南京南站、玄武湖周边等窗口地区提档升级。整治老旧小区 587 个，受益居民 19.7 万户。停车管理规范有序，五年累计新增停车泊位超过 9 万个。落实"门前三包"责任制，城区道路机扫率达 90%，提高 30 个百分点。强力推进公厕革命，升级改造 645 座城市公共厕所，打造了一批精品公厕。实施景观亮化，打造了"最南京"的特色夜景名片。目前，南京市高标准通过国家卫生城市复审，再次荣获"全国文明城市"荣誉称号。

二是政府职能整合和行政权力运行有效优化。五年来，结合《条例》的贯彻实施和城管体制改革的不断深入，南京市对相关的政府各部门职能进行了全面梳理,进行机构精简和科学整合。同时,对涉及的行政权力,经过几轮清理、规范,逐项进行了主体、事项、流程的确认及转移行使,重新编制外部流程、内部流程,细化行政处罚自由裁量权基准,加强了重大行政处罚备案审查工作。这些举措,在一定程度上解决了以往部门职责重叠、交叉、空白等问题,优化了城市治理领域的行政权力运行机制,提高了政府部门的行政效率和管理水平。

三是城管执法信息化、现代化水平显著提高。2013 年以来,城管部门在城市核心区、道路关口、工地出口和建筑垃圾处置场地入口建立监控设备数百部,共享治安交管街面探头监控 2000 余部,并在全市设定了 168 个市管岗管控,网巡车辆巡查里程约 60 万公里,发现问题菜单 3 万余件。大数据、云计算、物联网等信息技术在城市治理工作中的大量运用,保证了市容环境可看、执法人员可调、违章现象可控,使城管执法的现代化水平有了质的飞跃,不仅执法效能更高、争议更少,同时从客观上有效地促进了全体市民主动自觉地维护市容环境、遵守城市秩序。

四是社区民主自治和公民主动参与的热情全面激发。随着管理重心的逐步下移,区、街参与城市治理的积极性、主动性被全面调动。如:鼓楼区搭建了"数字化城管"平台;玄武区积极推行"一家管、两班运、三清扫、全天保"的环卫保洁机制;建邺区在河西新城区率先实施"公交式巡逻"。政府主导与公众参与的有机结合,在一定程度上促进了社区民主自治的良性发展,也促进了公民社会的发育。《条例》专章规定的"公众参与治理"模式得到了有效的执行,市区两级城市治理委员会已经成为公众参与城市治理的有效途径,公众委员在参与城市治理的各领域、各环节都发挥了积极、主动的作用。

以服务模式创新促行政权力规范高效运行

——广东省佛山市"一门式一网式"政府服务模式改革

佛山市人民政府

2015 年 5 月，在禅城区试点基础上，佛山市在全市范围内全面开展"一门式一网式"政府服务模式改革，成效较明显，社会反响较大，得到了国务院及其各部委、省委省政府的充分肯定和积极推广，现将项目有关情况描述如下。

一　主要内容

根据国务院"放管服"改革和"互联网＋政务服务"创新的总体要求，佛山市从加快转变政府职能建设法治政府、优化营商环境再创竞争新优势、方便群众办事打通政务服务"最后一公里"的迫切需要出发，全面推进"一门式一网式"政府服务模式改革（以下简称"一门式一网式"政务服务改革）。充分运用"互联网＋"思维和信息化手段，大力推行权责清单制度和服务模式创新，以权力运行标准化、信息化、体系化为核心基础，以政务服务整体化、规范化、数字化为基本要求，以企业群众办事少填、少跑、少交、少堵为目标导向，积极开展综合服务、标准服务、网上服务、主题服务、自助服务、数据服务等政务服务方式创新，实现政务服务和权力运行全过程可视化、可监督、可量化评价，倒逼各级各部门政务公开、办事规范、信息共享、管理协同，打破服务碎片化、权力部门化、信息孤岛化局面，基本做到政府服务无界限、行政无缝隙、标准无差异，企业群众的改革获得感及办事满意度大幅度提升。

佛山市"一门式一网式"政务服务创新体系

二 动因背景

（一）贯彻落实国务院权责清单制度和"放管服"改革，加快转变政府职能，推进服务型法治政府建设

党的十八大提出，要完善权力运行制约机制，推行地方各级政府及其工作部门权力清单制度，依法公开权力运行流程。深化行政审批制度改革，继续简政放权，推动政府职能向创造良好发展环境、提供优质公共服务、维护社会公平正义转变。2015年，国务院打出简政放权、放管结合、优化服务组合拳，要求各地推行"一口受理、网上办理"，方便基层群众办事创业。按照党中央、国务院的统一部署，佛山市在前一阶段全面向基层下放行政管理权限的基础上，持续大力推进"一门式一网式"

政务服务改革，依托现代互联网技术，以审批服务标准化建设为基础，以方便企业群众办事为目标，强力解决当前各部门仍然存在的法外行权、权力边界模糊、权力"路线图"不清晰、权力运行不透明、权责不对等以及企业投资经营体制性成本偏高等问题，促进政府治理从管制型向服务型转变、从随意性执法向标准化行权转变、从重事前审批向重事中事后监管转变。

（二）适应新形势发展需要，打造国际化、法治化营商环境，提高地方综合竞争力

当前，全球经济复苏缓慢，国际关系复杂多变，经济下行压力依然存在，国内国外两个市场竞争激烈。政务环境、营商环境是影响地方综合竞争力、市场吸引力的重要因素，国务院提出"大众创业、万众创新"的发展战略，如何建设与国际接轨的、利于创业创新的现代化市场环境是各地政府不懈努力的方向。然而，我国传统的行政审批制度饱受诟病，"审批多"、"审批难"成为阻碍市场经济发展、抑制市场活力的重要因素。佛山市以"一门式一网式"政务服务改革为突破口，针对群众反映较多的审批"沉疴"，着力规范和改进行政审批行为，全面实行"一窗办、网上办、标准办、限时办、联合办"，打造便捷、规范、透明、高效、廉洁的政务环境，增强企业投资经营的可预期性，激发社会活力和创造力。

（三）践行"互联网＋政务服务"改革方略，创新行政方式，打通政务服务"最后一公里"

我国传统的审批"办事难"主要体现在证明多、材料多、往返多、时间多、指引少、服务少、协同少、共享少，这"四多四少"影响国务院"放管服"改革的整体目标。虽然各级政府大力推进简政放权，为市场松绑，但企业群众的改革获得感仍不强，改革仍存在"最后一公里"问题。近几年，国务院提出"互联网＋政务服务"的改革思路，指导各地以"互联网＋"思维创新政务服务，利用现代先进技术，切实解决"办

事难"问题。佛山市"一门式一网式"政务服务改革是国务院"互联网＋政务服务"改革的具体体现，是在"放管服"改革的总体要求下，以"微创手术"的方式打通群众办事"最后一公里"，通过理念创新、方式创新、手段创新，改进审批行为，优化政务环境。

2017 年 5 月 5 日，佛山市委副书记、市长朱伟主持召开佛山市加快推进"互联网＋政务服务"暨深化"一门式一网式"政府服务模式改革工作推进会

三　对实现法治政府建设目标的意义

（一）推行"受审分离、一窗通办"，倒逼权力公开更透明

在各级行政服务中心按自然人社会民生类、企业注册登记类、经营许可类、投资建设类、公安专项类、税务专项类六类建设综合服务窗口，在不改变现有行政架构、不调整部门法定职责的前提下，把各部门行政审批和公共服务事项的前台受理发证与后台审批相分离，受理发证权通过委托方式授权给综合窗口行使，审批权仍由各部门依法行使。综合服务窗口按标准要求综合接件，通过统一的政务服务信息化管理平台实行

"一口受理、统一分派、限时反馈、统一送达"的服务模式，全市每个综合窗口平均可办理 322 项审批服务事项，服务人员从"专科医生"变为"全科医生"，企业群众办事更"简单"。

这种服务模式以行政权力标准化建设为基础，为确保前后台流转顺畅，各部门将审批办事标准从法规模糊条文里、部门隐性规则里、经办人员的裁量经验里，向申请人和综合窗口全面"晒"出来，依法明确或清除"模糊条款"、"兜底条款"、"负面条款"，或缩小自由裁量空间，促使部门权力运行更公开透明。

佛山"一门式一网式"政务服务大厅

佛山市禅城区石湾街道行政服务中心综合服务窗口

（二）推行"标准运行、同城通办"，倒逼权力行使更规范

建立全市统一的政务服务标准体系，编制出台《佛山市一门式一网式政务服务规范》，包括大厅建设规范、服务标准、事项实施标准、跨部门联办标准、数据标准、服务评价考核标准等内容，共涉及 41 个标准。全市 1833 项行政审批和公共服务事项按 415 个标准要素逐项编制事项标准，覆盖市、区、镇（街）、村（居）四级审批和服务事项，对服务事项设置、办事依据、申请材料规范、表格填报要求、接件受理标准、办事发证程序、收费情况、中介服务情况等权力运行要素进行"最小颗粒化"梳理，操作达到"傻瓜式"简单方便，指引清晰易懂。搭建"佛山市行政审批和公共服务事项标准管理系统"，对事项标准实施信息化管理和动态审查更新，作为"唯一数据源"应用到各服务平台和业务操作系统，确保标准更新的时效性。在全市统一服务标准和事项标准的前提条件下，开展"异地申请，同城通办"服务，全市 500 多项审批服务事项实现县域范围、市域范围、广佛肇跨城三个层次的通办。

政务服务标准化运行，避免了审批服务人员因人、因事、因地按不同标准差异化实施，自由裁量权被严格限制，"微权力"得到最大程度的约束，减少政府服务的主观性、随意性和差异性，基本实现"认标准不认关系"的"傻瓜式"无差别服务。

（三）推行"一号申请、主题联办"，倒逼部门协同无壁垒

在企业投资经营领域，按照"一号申请、一表登记、一窗受理、一图辅导、一档管理"原则再造跨部门审批业务流程，以申请人的办事需求为导向推行"主题服务"。将原来的多个业务办件号统一为一个，将各部门的申请表单整合实行"一表制"，取消各部门重复材料实行"一事一档"，原来要向多个窗口申请转为向一个窗口统一申请，原来需要串联的事项改为并联，建立"统一受理、抄告相关、联合审批、限时反馈、信

息共享"的联审联办机制,配套提供前期辅导服务,量身定做个性化审批流程图和办事指南。

通过推行"主题服务",跨部门关联事项申请人只需提出一次申请、填写一份申请表、提交一套申请材料、跑动一个窗口或在网站登录一个界面,就可办理所有事项,由综合窗口对联办事项在统一的平台上进行组织协调和分派流转,有效减少甚至杜绝了部门间推诿扯皮,打通了部门协作的"中梗阻",加强了项目审批的整体性和协同性。

(四)推行"在线服务、一网通办",倒逼权力运行更高效

开通网上办事大厅、"市民之窗"自助办事终端、"佛山行政服务"微信公众号,通过网厅、自助终端、手机移动终端等多种渠道全方位推行网上在线服务,引入微信"城市服务"小程序、支付宝在线支付、邮政快递服务等第三方合作平台,实行统一身份认证、电子支付、电子公章、电子签名、电子证照、材料和证照速递、自助取证,建设自然人库、法人库、表单库、材料库、证照库、业务办件库等数据库,汇聚2亿多条数据。全市1828项审批服务事项"一网打尽",全面提供线上线下、实体大厅与网上办事大厅"两厅融合"服务,可实现在线预约、预审、预受理、全流程办理、证明和证照打印、在线辅导、在线支付、在线速递申请、进度查询、个人信息查询、24小时自助办事等服务。建立"个人空间"和"企业空间",通过沉淀个人办事信息和历史数据,结合个人诚信分级,推动信息共享、数据跑腿,实现在线自助智能填表、电子材料复用、电子材料核验审批、容缺受理等服务创新。

通过在线服务,倒逼各部门改变传统的审批模式,推动信息共享和数据跑腿,最大化集约利用数据代替人工服务和人工审批,减少因申请人提供虚假材料、虚假证明、不规范材料、不准确数据,或因审批经办人员人工出错等因素带来的审批出错和审批腐败,也大大降低了人工审查困难,提高审查效率。

佛山"市民之窗"24小时自助服务区

（五）推行"电子流转、全程监控"，倒逼权力监督无死角

搭建"佛山市一门式一网式综合受理和申办流转平台"，20多个部门自建业务系统与该系统实现无缝对接、实时数据交换，所有业务办件必须通过该系统进行"统一流转"。制定前后台流转标准、系统对接标准、材料流转流程规范等，实行全程电子材料与纸质材料相结合的办件流转方式，实现跨部门、跨区域、跨行业的政务服务标准化运行、全过程留痕。建设"佛山市政务服务效能监督系统"，对服务事项的实施进行全覆盖、多维度、全过程监督，全市所有审批服务事项按标准接入该系统。监督范围横向覆盖本级各职能单位和部分中央省属单位，纵向覆盖市、区、镇（街）、村（居）四级；监督内容分解到服务事项13个流程节点信息；监督重点针对申请材料标准、"一次性告知"制度、办理程序、承诺限时、审批收费、联审联办、服务评价等；监督过程包括申请人从预约叫号开始一直到证照送达、服务评价结束；监督方式包括电子监督与定期第三方测评相结合，电子监督主要通过对监督点进行红黄绿牌预警，第三方测评包括满意度测评、政务服务质量测评、营商环境专项测评等，监督

结果均纳入年终政府绩效考核。

全方位、多手段的监督，倒逼各部门谨慎用权、规范行权、高效运权。借助信息化手段，采取现代与传统相结合的方式，科学设置监督点，对权力进行监督，让抽象的法规条文、裁量经验以及隐性的个体行政行为变成可视、可控、可量化评价。

广东政务服务网——佛山市

四 受益者及受益情况

（一）办事——市民办事更便捷、更舒心

"一门式一网式"政务服务改革给群众带来最直观的体验就是办事更"简单"、审批更快捷。群众进"一扇门"、对"一个窗"、登"一张网"、跑动一次，甚至足不出户、不受时空限制、不用上下奔波，零跑动就能办成事，窗口平均等候时间压缩至 11 分钟以内，平均办理时间压缩 50%

以上，310 个事项办理实现了零跑动，基本实现了少跑腿、少费时、好办事。全市 160 个事项在不同区域的任一网点均可申办，280 多个事项实现区内通办；佛山市南海区与广州市荔湾区、白云区、花都区、顺德区与番禺区共 168 个事项实现"异地申请，跨城办理"。全市建成 58 个 24 小时自助服务区，2017 年，351 万宗业务实现网上申请和自助服务，在线日均访问量超过 2 万人次。同时，通过向申请人提供数据服务，全市实现了 500 多项事项申请表格智能自助填报，150 多份电子材料不限期复用或有效期内复用，400 多个事项电子材料核验审批最多跑一次，138 个事项可容缺受理，大大减少了申请人因个别材料不齐全、不规范或技术材料多次修改而往返奔波之苦，也减少了申请人反复填报相同信息、提交相同材料的麻烦。2016 年，在广东省省情调查研究中心发布的《广东省地方服务型政府建设系列调研报告》中，佛山市公共服务满意度排名全省第一。2017 年，在广东省省情调查研究中心、广东省社会科学院绩效评估中心发布的《2017 年广东省地方服务型政府建设系列调研报告》中，佛山市公共服务满意度排名全省第三。

（二）创业——促进了大众创业万众创新

通过商事登记制度改革，降低准入门槛，创新登记方式，推动信息共享，企业通过服务大厅窗口、网上办事大厅、自助服务终端、银行服务窗口等平台就可提出注册登记申请。企业注册开办涉及的公司核名、注册登记、国地税信息采集、公司刻章、银行开户等事项跑一个窗、登录一个界面、使用一台机器、提交一次材料就可以办理，自助终端还实现了无纸化提交、一次性审核、现场即时注册即可获得营业执照，企业注册开办越来越简便、效率越来越高。改革后，企业登记（含刻章、银行开户）从原来 19 个工作日减少为 5 日内，全市市场主体呈现井喷式增长，极大地激发了大众创业的激情。截至 2018 年 3 月，佛山市市场主体达 63.63 万户，注册资本（金）13531.21 亿元，规模以上民营工业总产值 1.72 万亿元，年主营业务收入超 100 亿元企业 17 家，7 家企业进入"2017 中国民营企业 500 强"。佛山在中国社科院《中国城市竞争力报告 2017》中排名第 11，在地级市中排名第二。

（三）投资——降低了市场投资制度性成本

面对经济下行压力，高效的政府服务降低了企业投资的经济成本、时间成本和机会成本，增强企业的投资信心，提高地方发展竞争力。通过推行企业准营准入和投资建设"主题式"联办服务，全市 140 个准营类和 4 个投资建设类主题服务事项，涉及 26 个政府部门 432 项审批服务事项协同联办，打破部门间的"条块分割"、"各自为政"和"信息孤岛"。同时，建立申报辅导区，为投资者提供个性化的报批辅导，自动推送个性化的审批流程图。投资者只需"按图索骥"，按主题提供一套材料，部门按职责分工后台审批，涉及图纸审查和现场勘验由综合窗口组织一次性联合进行，面对部门间的推诿不用四处协调。改革后，投资报建从过去需跑 30 余次减少为每个阶段跑 2 次，报建时间从 200 多天压减到平均 48 个工作日，验收时间从 90 天压缩到 13 个工作日以内。企业普遍感受到办事跑动次数和时间大幅减少，办事成本有了明显降低，政府服务更加贴心和周到。

（四）政务——行政资源更集约、权力运行更阳光规范

佛山市"一门式一网式"改革和行政审批标准化是一项改革倒逼机制，倒逼各部门合理配置行政资源，加强依法行政，加快信息共享、阳光行政、廉洁行政、业务协同。通过整合服务窗口，全市办事窗口减少 35%，窗口工作人员精减 33%，单位时间办事量增加了 21%，改变了过去各部门由于业务特点、业务量不同带来的服务窗口忙闲不均，节省的窗口人员转移到加强事中事后监管上来，监管能力得到较大提高。同时，政务服务大数据库为政府决策提供了有力支撑，如根据生育和户籍登记数据

生成"教育一张图",合理划分学区、配置学位,政府服务能力和决策能力得到提升。通过政务服务标准化运行和全程留痕监督,佛山市所有审批服务事项的办理都实现了"晒在阳光下"、"关在笼子里",政府服务意识明显增强,周末办事预约、应急专窗、上门代办等贴心服务密切了党群政群关系。2016年,佛山市政府行政效能投诉从5240宗减少到2781宗,同比下降46.9%;2017年,佛山市政府行政效能投诉从2781宗减少到1923宗,同比下降30.85%;根据广东省纪委南粤清风网公布的《2016年度广东廉情评估蓝皮书》,佛山市反腐败满意指数以及廉洁感知指数均为全省第一。

五 获得荣誉

佛山市"一门式一网式"政务服务模式改革得到了中央、省市领导及专家的认可和肯定,先后获得多项国家级和省部级奖项,中编办、民政部等国家部委多次组织在佛山召开改革研讨会和现场会,央视、新华社、《人民日报》等权威媒体都对佛山"一门式一网式"改革进行了专题报道。2015年3月17日,国家民政部在佛山禅城举办全国社区治理和服务能力建设示范培训现场会;2016年3月,佛山"一门式一网式"改革经验在广东全省推广,同年11月23～24日,中央编办在广东佛山召开"依托互联网深化行政审批改革"交流研讨会。2018年5月作为唯一地级市案例入选国办《关于深入推进审批服务便民化的指导意见》;同年7月27日,国务院新闻办举行优化营商环境政策例行吹风会,佛山市市长朱伟在会上介绍佛山在优化营商环境方面的做法;同年8月,国务院在《关于部分地方优化营商环境典型做法的通报》中通报表扬了佛山在审批服务标准化方面取得的成效。

业委会法治评估体系的研究与实践

上海市黄浦区人民政府半淞园路街道办事处

随着社区治理的深入推进，业主大会、业主委员会作为治理的重要主体和平台，在社区建设、社会发展中发挥出日益重要的作用。半淞园路街道是一个典型的居住型社区，住宅成套率达到 90% 以上，现有住宅物业小区 97 个，已建业委会 92 个。近年来，半淞园路街道办事处（以下简称"街道"）始终将住宅小区综合治理作为提升居民获得感的重要抓手，积极探索创新综合治理体制，有效发挥业主、业委会的主体作用。为进一步贯彻落实中央、上海市和黄浦区委、区政府关于创新社会治理、加强基层建设的新要求，街道以开展业委会法治评估体系（以下简称"评估体系"）为抓手，通过指导监督业委会依法依规运行，着力解决业委会"不作为、乱作为、难作为"等问题，努力推进业委会规范化运作，取得了阶段性成果。

一　项目背景和动因

（一）业委会运作问题时有发生，急需找准问题症结

当前，业主委员会已发展成为城市社区自治管理的重要组织力量，但是，依法运作、有效管理，令业主感到满意的业委会的数量还很有限，业委会不作为、乱作为、难作为或多或少存在。在"不作为"方面，主要表现为：有的业委会组织不健全，主任或成员长期不能正常开展工作，

对物业的监督无人实施，业主的诉求无人响应；有的业委会不懂得如何履职，甚至认为"守住维修资金不用就是当好了家"。在"乱作为"方面，主要表现为：一些业主委员会未经业主大会授权或同意滥用职权；一些业委会成员利用职权挪用、侵吞业主共有的维修资金和公共收益，享用免交停车费等各种好处；个别业主委员会内部拉帮结派，意见分裂，一些成员不惜采用大字报、匿名信等方式诋毁、打压持不同意见者，业委会成为个人争权夺利的工具。在"难作为"方面，主要表现为：业委会成员专业知识以及社区治理能力不足，其工作得不到业主的支持，业主委员会与物业公司、与业主或与其他主体频繁产生纠纷甚至诉讼，小区物业管理中的矛盾问题难以解决。

街道调查发现，对于业主较为关注的"维修资金和公共收益使用管理"事项，业委会按规定募集专项维修资金的，仅占56.9%；公共收益方案经业主大会通过写入管理规约的，仅占63.9%（见图1）。对矛盾较为集中的"选聘与监督物业公司规范率"中，业委会按规定书面通知物业公司解聘、续聘决定规范率最低，仅为69.5%（见图2）。

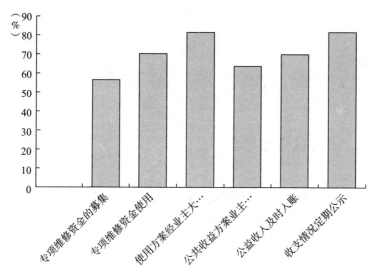

图1　半淞园路街道业委会维修资金和公共收益使用管理规范率

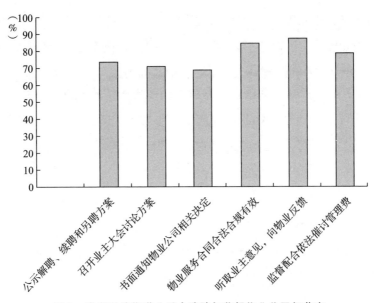

图 2　半淞园路街道业委会选聘与监督物业公司规范率

此外，在业委会人员专业构成方面，街道各业委会有成员 455 名，但仅 26 人具有相关专业背景，其中有财务方面专业背景的 20 人，有法务背景的 3 人，有物业管理相关背景的 3 人（见图 3）。

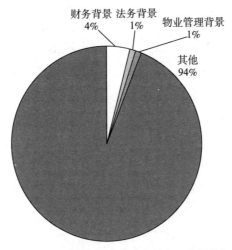

图 3　半淞园路街道业委会成员专业背景分析

因此，如何规范业委会履职尽责，帮助业委会提高行动力和公信力，充分发挥其维护业主利益、协调各方关系的作用，急需梳理相关法律法规，形成一套对业委会工作的规范要求，清晰明了地告诉业委会做什么、怎么做。

（二）街道指导、监督业委会缺乏有效措施，急需综合、系统施策

根据《上海市住宅物业管理规定》的规定，街道办事处应指导、监督业主大会、业委会的组建和日常运作情况。但在实际工作中，街道由于无法及时全面掌握业委会的工作情况，常常难以有效指导或有效事后被动指导。对于业委会拒绝和排斥街道的指导监督行为，街道也常常无法采取有效的措施应对。以半淞园路街道为例，2014 年至 2016 年，对业委会的相关信访数据呈逐年上升趋势（见图 4），尤其是反映业委会规范运作及日常物业管理问题的信访量明显上升。

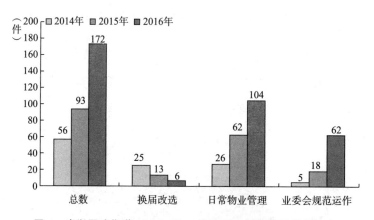

图 4　半淞园路街道 2014-2016 年业委会相关信访数据概况

2016 年，市委、市政府召开了住宅小区综合治理工作推进会，下发了《关于进一步落实本市住宅小区综合治理中各相关主体工作职责的若干意见》（沪委办发 [2016]8 号），明确指出"要贯彻落实街道党工委和办事处的属地主体责任。加强对业主委员会议事决策的指导监督，建立对业主委员会运作的评价制度，提高业委会规范运作率，力争 2017 年底达到 80%"。如何客观真实地评价业委会运作的情况、科学界定指导和监督的范围，一套有体系的评价标准、评估体系呼之欲出。

（三）业委会在社区依法治理中作用日益凸显，急需法治引领和保障

在推进法治国家建设的过程中，法治评估不仅是推进改革和社会创新的重要手段，更是真实了解法治建设现状、理性而稳妥地推行法治实践的直接动力。虽然目前我国的法治评估基本运用于评估法治政府的建设，但是业主委员会作为城市社区自治组织在法治化社会治理实践中发挥着越来越大的作用，其能进一步发展、优化社会治理结构，预防和化解社会矛盾，推动公众参与社会治理，从而促进基层民主法治建设。对其进行法治评估，必将成为法治社会建设的迫切要求和必然走向。

二　项目主要内容

（一）评估体系的内容与标准

评估体系主要包括 6 大类基本项和特色项（见下表），基本项评估内容包括：（1）日常制度及文书规范；（2）业委会换届改选及变更规范；（3）业主大会会议规范；（4）业委会会议规范；（5）专项维修资金与公共收益使用管理规范；（6）物业选聘与监督规范。特色项目共有 10 项内容，可根据各小区的实际情况由业委会自行申报加分。

评估项目	序号	评估内容	评估办法	分值	得分
日常制度及文书规范 20'	1	《管理规约》、《业主大会议事规则》和《专项维修资金管理规约》齐全，按2015年示范文本修订	查看示范文本是否齐全(2分) 查看示范文本是否为2015年版(2分)	4	
	2	日常工作制度齐全（定期接待、工作记录、信息公开、印章管理、档案管理制度）	查看五项日常工作制度是否齐全（各1分）	5	
	3	印章分人保管和实行使用登记	查看印章是否分人保管(2分) 查看印章使用是否登记(2分)	4	
	4	备案证和业主清册齐全	查看备案证是否齐全（1分） 查看业主清册是否齐全（1分）	2	
	5	执行档案管理制度，工作资料分类存档保管，且均能供业主查询	查看工作资料是否分类保管（2分） 业主代表问卷，是否供业主查询（2分）	4	
	6	定期参加房管部门、街道组织的各类培训	查看是否有签到记录情况	1	
换届改选及变更规范 13'	7	业委会任期届满前提出换届改选申请	查看是否有书面申请	1	
	8	换届改选前召开最后一次业委会会议，总结本届工作并做好审计准备	查看是否有业委会的会议记录 查看会议记录中是否有审计工作的准备	1	
	9	换届改选小组成立后10日内移交公章、财务凭证和业主清册等资料	查看是否完整移交全部资料	2	
	10	新任业委会委员产生后7日内选举主任、副主任并公告选举结果	查看是否有选举结果的公告照片	1	
	11	按规定终止业委会委员资格并公告，及时召开业主大会补选	查看是否公告业委会成员变更(2分) 查看是否就补选召开业主大会(2分)	4	
	12	新业委会成立或业委会成员变更的，30日内向街道办事处办理换届、变更备案手续，备案后10日内完成公章、财务凭证、业主清册等交接	查看新成立业委会是否备案登记（1分） 查看业委会成员变更备案登记（1分） 查看新业委会成立后是否交接（1分） 查看业委会成员变更后是否交接（1分）	4	

评估项目	序号	评估内容	评估办法	分值	得分
业主大会会议规范11'	13	按规定召开业主大会和召开临时业主大会的，公告召开的理由	查看是否按规定召开定期会议（2分） 查看重大事项是否召开业主大会（4分）	6	
	14	会议召开前15日公告业主大会方案	查看是否有公告照片	1	
	15	通知房办、居委会派代表参加，听取意见、建议并监督开票	查看是否有通知和工作记录 居委会问卷	1	
	16	有表决票发放、回收、计票等的人员名单	查看是否有相关记录	1	
	17	投票日期7日前向全体业主送达表决票	查看是否有送达凭证	1	
	18	业主大会作出决定起3日内公告投票结果和作出的相关决定	查看是否有公告照片或其他公告的方式	1	
业委会会议规范11'	19	执行业委会会议制度	查看是否按制度召开定期会议（2分） 查看重大事项是否召开会议情况（3分）	5	
	20	主任（或召集人）会前将通知和有关材料送达全体委员	查看是否有通知记录	1	
	21	讨论物业管理重大事项邀请房办代表、居委会和业主代表列席	查看是否有通知或签到记录 居委会问卷	1	
	22	每次会议有过半数以上委员参加	查看是否有签到记录	1	
	23	业委会决定由全部委员的半数以上同意	查看是否有会议记录	2	
	24	业委会作出决定起3日内公告决定	查看是否有公告照片	1	
维修资金与公共收益使用管理规范25'	25	专项维修资金余额大于首次募集资金总额30%，若不足，有募集方案及实施计划，并公告业主	查看专项维修资金余额情况（2分） 查看是否有维修资金募集方案（1分）	3	
	26	有项目实施方案，落实施工单位、组织项目施工和审核施工费用	查看合同、施工单位资质和报价（3分） 查看是否审计施工费用（1分）	4	

评估项目	序号	评估内容	评估办法	分值	得分
维修资金与公共收益使用管理规范 25'	27	严格执行《专项维修资金管理规约》，规定金额以上的物业维修、更新、改造项目方案经业主大会同意后组织实施	查看是否有违规使用情况（违规1次扣2分）	4	
	28	有公共收益使用方案，经业主大会通过后写入《管理规约》	查看管理规约是否有相关方案	2	
	29	监督物业公司收缴公共收益，公共收益及时入账，公共收益用于补充专项维修资金	查看是否有公共收益的收缴明细（4分）查看公共收益的入账情况（2分）查看补充维修资金记录（2分）	8	
	30	每半年公示专项维修资金和公共收益的收支情况（包括物业维修、更新、改造项目、业主大会、业主委员会工作经费等）	查看是否有公示照片（2分）业主代表问卷，是否看到过公示照片（2分）	4	
物业选聘与监督规范 20'	31	公示解聘、续聘和另聘物业公司的方案，听取业主代表意见	查看是否有相关方案的公示照片	2	
	32	召开业主大会讨论通过解聘、续聘和另聘物业公司的方案	查看是否有相关业主大会工作记录	2	
	33	按规定书面通知物业公司解聘、续聘决定	查看是否有通知或签收	2	
	34	与物业公司签订物业服务合同，合同合法合规有效	查看是否有合同（2分）查看合同是否合法合规有效（2分）	4	
	35	执行（定期）接待业主制度，听取、记录业主提出有关物业服务的建议和意见，向物业公司进行反馈并督促物业公司履行合同和相关义务	查看是否有登记记录（2分）查看是否有向物业公司反馈记录（4分）物业公司问卷	6	
	36	配合物业服务企业依法催讨物业管理费，督促业主遵守《上海市住宅物业管理规定》第50条规定	查看是否有工作记录物业公司问卷	4	

评估项目	序号	评估内容	评估办法	分值	得分
特色项目 10′	1	业委会成员积极参加所属业委会联谊会活动	有相关登记记录	1	
	2	聘请法律顾问给予业务指导或业务培训	查看资料、听取介绍	1	
	3	通过公开招标选聘物业公司	查看工作记录	1	
	4	业委会委员与居委会、居民区党总支成员交叉任职	查看人员名册	1	
	5	小区内重大事项能够听取第三方（治家服务站）专业指导意见	查看资料、听取介绍	1	
	6	聘请第三方评估机构对施工方案及费用进行审计或咨询、评估	查看资料	1	
	7	根据小区实际，拟定公共秩序和环境卫生维护等方面的规章制度报业主大会通过并执行	查看资料	1	
	8	邀请党的工作小组（或相应党支部）参与业委会工作并听取意见	查看资料、听取介绍	1	
	9	开展小区文化活动倡导文明风尚，业主积极参与，反响较好	查看活动记录	1	
	10	当年实施的物业维修更新改造等实事项目，得到业主广泛认可	查看资料、实地察看、业主代表问卷	1	

（二）其他配套措施

通过法治评估引导业委会依法依规运行，是一个系统工程，政府既要履行好"指导监督"的硬性职责，也要配套实施"引导支持"的柔性举措，才能取得实效。配套业委会法治评估，街道主要采取了以下引导支持的措施。

一是建立业委会法律顾问制度。街道与3家律师事务所签订协议，指定专人担任居民区业委会联谊会律师顾问，应邀参加业委会联谊会的活动及会议，帮助业委会开展培训、化解矛盾，对业委会涉及选聘或解聘物业服务企业（解除或签订物业服务合同），修改小区管理规约，调整物业费等重大事项，提供法律咨询服务。

二是开展星级业委会评选。2017年成立了半淞园路街道业委会联合会，下设11个居民区分会，通过落实政策法规学习制度、重大事项决策咨询制度、管理问题共商制度，将业委会联合会办成业委会成员沟通交流的学习平台、解决小区管理顽症的互助平台、讨论小区发展的谋划平台，切实发挥业委会在小区治理中的主体作用。业委会联合会组织会员开展年度星级（三～五星）业委会评选，法治评估得分70以上的业委会可自愿申报。

三是设立业委会引导资金。街道在2018年出台了《半淞园路街道业委会引导资金使用和管理办法》，试点和探索业委会以项目形式向街道申报资金扶持。扶持项目类别分为"治家类"（续筹维修资金、上调物业费等）、"安家类"（小区安全防范、电梯更新等）、"靓家类"（小区楼道美化等）、"和家类"（开展文化建设、举办小区邻里节）等，不同类别项目予以不同比例的资金扶持，同类项目星级较高的业委会扶持资金比例相应提高。

四是在有条件的业委会设立党的工作小组。推广耀江花园居民区党总支向业委会派驻党的工作小组的做法，通过党的工作小组发挥党建引领的作用，依靠群众、发动群众、服务群众，支持业委会履职尽责，成为业委会的压舱石、智囊团、后援团、润滑剂。

三　项目的特点

（一）全面性与针对性相结合

一方面，评估体系要较为全面地涵盖法律法规、规范性文件对业委会履职的规范性要求。另一方面，针对业委会运作中矛盾、问题的高发点和业主关注的热点，评估体系有针对性地强调相关的规范性要求，如针对目前较难解决的新老业委会不正常交接，业主反映较多的维修资金和公共收益的使用管理不透明等问题，明确相应的评估指标，并加大分值权重。

（二）实体性与程序性相结合

在评估指标的设定中，既要明确实体性规范，如业主大会授予业委会的职权范围和内容；业委会代表业主大会议事和决策内容；专项维修资金和公共收益的使用管理等。同时，明确程序性规范的要求，如召开业主大会、业委会会议，选聘物业服务企业的程序要求。

（三）强制性与引导性相结合

评估指标分为基本项和特色项，其中基本项为法律法规及规范性文件规定的内容，具有强制性，对每个业委会而言都是必须做到的工作规范，而特色项是根据市、区有关文件和会议的精神对业委会工作提出的一些倡导和鼓励的要求，如参加业委会联谊会、设立党的工作小组、业委会交叉任职等，为引导业委会良性发展指明方向，提出了更高的要求。

四 项目评估与结果利用

（一）项目评估

街道在实施评估中注重三方面：一是评估主体专业化。评估小组的成员不仅有街道房管办工作人员、治家服务站工作人员，还邀请律师、业委会联合会理事参加，同时合理分工、对口检查，保证评估质量。二是评估方法多样化。在评估实施中根据业委会填报的《法治评估信息采集表》运用核对材料法、问卷调查法、现场查看法等进行评估，其中问卷调查从业主代表、居委会、物业服务企业三个维度了解业委会工作情况。三是评估结果公开化。根据评估小组的评审结果确定优秀、良好、合格、须努力四个等级，并给予相应的书面评定结果和法治建议书，指出存在不规范运行的法律风险并提出整改建议，并在系统内公布评定等级。

（二）评估结果利用

法治评估制度设计的根本目的在于法治评估结果的正当运用。全面实施业委会法治评估，是一次全面、客观的业委会工作"体检"，通过"体检"发现存在的问题，找准病因，对症下药，推动业委会规范运行，推动业委会这一群众自治组织走上健康发展之路。

1.总结共性问题，优化培训指导。街道对评估结果进行全面分析，形成《半淞园路街道年度业委会法治评估报告》，找准业委会在日常制度及文书、换届改选及变更、业主大会会议、业委会会议、专项维修资金与公共收益使用管理、物业选聘及监督这六大项工作中存在的较为普遍的问题，分析原因，并针对问题，对业委会和居委会开展相关业务培训，强化业委会依法依规运行的意识和能力，提高居委会对业委会工作的指导水平。

2.开展分类指导，探索分类施策。街道根据不同的小区类型，分析商品房、系统房、售后公房小区业委会工作中存在的不同难点和问题，研究相应的工作重点及配套措施，拟定工作计划，逐步推进。

3.跟踪个性问题，督促落实整改。街道根据评估小组出具的《×××业委会法治评估结果报告及法治建议书》，对相关业委会进行个性化的指导，帮助业委会整改不规范的工作，并要求居民区党总支、居委会跟进掌握整改情况，加强常态的指导和监督。

五 项目主要效果

（一）推动业委会提高规范运作水平

建立业委会法治评估体系，通过梳理现行法律法规，明确业委会依法依规运行的法定要求和评估标准。通过实施法治评估，提升业主依法自我管理意识，引导业主委员会规范日常运作，提高自我管理的能力，逐步解决业委会"不作为、乱作为、难作为"等问题，提高业委会规范化运作率，提升住宅小区综合治理水平。

（二）推进社区良性治理格局的形成

通过法治评估引导业主委员会规范运作，有效协调业主、业委会、物业三者关系，维护住宅小区正常、良性的物业管理秩序，培育物业管理市场竞争机制的形成，推动物业服务企业提升服务质量。通过业主委员会的规范建设，业主在物业管理活动中享有和支配了其应有的民主权利。健全业主自我约束和监督机制，及时解决小区管理问题，有助于促进和谐社区、和谐社会的建设。

（三）推动基层民主法治建设

通过法治评估引导业委会依法依规运行，促进业主自我管理模式的优化，为业主民主参与社区治理提供了有效途径和制度保障。业委会通过召开业主大会决议小区内重大公共事务，使社区群众得以在自己生活的社区范围内，依法讨论和决定与自己切身利益直接相关的基层公共事务，践行以直接民主为主要方式的民主选举、民主管理、民主决策、民主监督，推进了民主法治观念的养成，锻炼了公众民主参与和自治实践能力，推动了基层民主法治建设。

发布全国第一个《行政机关合同审查指南》地方标准规范

宁波市人民政府法制办公室

一　主要内容

《行政机关合同审查指南》包括适用范围、审查机构与方式、审查时间等程序性内容，并明确了 16 方面（包括名称、主体、标的、数量、质量、价款与报酬、履行期限、保密、知识产权、解除、违约责任、担保、承诺、争议解决等）的审查标准。

在合同主体方面，该指南适用于宁波市各级政府、部门、派出机关和派出机构及法律、法规、规章授权的组织为一方的合同。事业单位根据法律、法规、规章授权行使管理职责的，也可以作为一方当事人。

在合同类别方面，要求行政机关签订的合同都应审查。按照合同主体来确定审查范围，避免了因为对合同性质的争议和不同理解，导致对审查工作可能产生的影响。

在合同当事人方面，要求当事人有主体资格，临时机构、内设机构不得作为合同当事人；法律法规有特定资格要求的，还应满足特定要求；需经许可方能从事的行业，还应满足许可要求。

在合同标的方面，要求设定标的不得违反法律法规规章及文件规定，不得侵犯第三人知识产权或商业秘密；合同标的应具体确定，内容清晰完整，合同正文不能完整表达时，应在附件中予以补充；应载明是否设定过抵押、质押以及是否存在其他优先权等。

在保密条款方面，对于涉及国家秘密或者当事人约定保密的事项，应当审查保密义务、保密措施和违约责任是否明确。对是否属于国家秘密难以认定的，应当请保密主管部门把握确定。

在违约责任方面，要求对强制性条款设置相应的违约责任，避免责任过轻不足以督促履行合同，也要避免行政机关责任过重。这主要是因为少数行政机关为加快工作进程，对己方违约责任比较明确而对对方责任比较含糊，如果发生纠纷，会对行政机关不利。

在担保条款方面，要求行政机关一方不得提供担保；合同相对方通过补充协议将合同权利义务转移给其子公司或者关联公司的，应明确合同相对方对其子公司或关联公司履行义务的保证责任。

近年来，合同中涉及财政补贴奖励的内容比较多，国家发布了多个文件予以规范，如《国务院办公厅关于进一步加强涉企收费管理减轻企业负担的通知》（国办发〔2014〕30号）、《国务院关于税收等优惠政策相关事项的通知》（国发〔2015〕25号）、《国务院关于在市场体系建设中建立公平竞争审查制度的意见》（国发〔2016〕34号）。审查指南对此也提出了相应要求。

在文字表述方面，要求合同前后表述一致；术语符合法律规范和技术规范，行业专有名词符合行业通常解释；合同用词表述应当明确，避免使用容易引起歧义的词语。

审查指南还要求，审查完成后应当制作审查意见，明确记载受理和完成时间、意见和建议、理由和依据，并注明联系人和联系方式。记载受理和完成时间，不仅是能够客观记录审查过程，也是针对部分合同先签约后送审的不规范情况，明确各方责任。另外，要求审查意见说明依据和理由，有利于提高意见的说服力和可采性。

二 动因和背景

随着经济和社会的不断发展，行政机关逐渐从单一的依靠行政命令的方式发展到和相对人进行协商并订立合同的方式来实现行政管理的目标。因此，行政机关作为一方主体的合同越来越多，类型越来越广泛，与人们的生活关系越来越密切。但是，由于习惯了传统行政命令的工作模式，有些行政机关的负责人不重视合同的签订、履行工作，相应岗位上的工作人员又未受过专门的法律知识培训，常常因合同签订不规范、履行不到位而引发争议，影响了政府公信力，造成了国有资产和财政资金损失。因此，有必要规范行政机关合同签订行为，避免法律和经济风险，增强政府公信力和执行力、优化发展环境、维护社会和谐稳定。

2004 年，国务院发布的《全面推进依法行政实施纲要》提出，要充分运用间接管理、动态管理和事后监督管理等手段对经济和社会事务实施管理；充分发挥行政规划、行政指导、行政合同等方式的作用。党的十八大以来，随着依法治国的不断推进，行政机关合同管理工作也不断加强。2013 年，浙江省人民政府办公厅发布了《关于规范行政机关合同管理工作的意见》；此后，宁波市人民政府办公厅发布了《关于印发宁波市行政机关合同管理办法的通知》（甬政办发〔2013〕168 号），行政机关合同管理工作规范化得到了加强。2015 年 5 月 1 日起施行的新修订的《行政诉讼法》第 12 条明确将"政府特许经营协议、土地房屋征收补偿协议等协议"纳入行政诉讼的受案范围。今后，行政机关签订的相当部分合同将会被纳入行政诉讼范畴，司法监督的力度会不断加大。

2014 年党的十八届四中全会通过的《中共中央关于全面推进依法治国若干重大问题的决定》在健全依法决策机制中明确提出："把……合法性审查、集体讨论决定确定为重大行政决策法定程序，确保决策制度科学、程序正当、过程公开、责任明确。建立行政机关内部重大决策合法性审查机制，未经合法性审查或经审查不合法的，不得提交讨论"；在强化对行政权力的制约和监督中提出："加强……监督制度建设，努力形成科学有效的权力运行制约和监督体系，增强监督合力和实效。完善政府内部层级监督和专门监督，改进上级机关对下级机关的监督，建立常态化监督制度。"行政机关合同是行政决策的重要载体，签订和履行行政机关合同，也是行使行政权力的重要方式。因此，加强对行政机关合同的审查，也是规范行政决策、加强行政机关内部监督的重要途径。

综合当前的时代背景以及依法治国不断推进的现实，制定《行政机关合同审查指南》，既顺应了当前经济社会发展的需要，也与司法审查的要求相吻合；既有利于行政机关防范合同风险，减少合同纠纷，也可以让行政机关践行依法行政、依约行政的精神，提高行政管理实效，增强社会公信力。

三　对实现法治政府建设目标的意义

行政机关签订和履行合同的行为涉及行政机关、企业和其他社会组织、司法机关等多方面，落实《行政机关合同审查指南》，对于实现法治政府建设目标，具有积极意义。

第一，有利于树立平等、协商、对话的行政理念。推进法治政府建设，与科学民主立法、严格公正执法、依法化解社会矛盾、推进政府信息公开等一系列制度设计和落实息息相关，但最基础的还是行政机关理念的变化。传统行政理念是单边、强制、命令式的，随着社会的发展及民主法治的推进，现代行政理念逐步朝协商、对话、沟通的方向发展。行政机关合同是协商对话的产物，通过合同审查，及时解决合同协商和签订中的各种问题，有利于树立平等、协商、对话的行政理念，推进协商行政良性发展，为法治政府建设奠定了良好的观念基础。

第二，有利于规范柔性行政行为。传统的行政处罚、行政强制、行政征收等行为会对行政相对人的利益造成巨大的不利影响，对这类行为通过行政复议、行政诉讼进行监督的机制也比较明确。而协议是双方协商的结果，即使有忽视法律法规要求、侵犯国家和社会公共利益的行为，但因为双方已经达成协议，复议和诉讼机制也无从启动，违法行为难以得到纠正。而通过中立的法制机构进行审查，可以及时指出合同中的违法条款和存在风险。因此，合同审查对于规范这类柔性行政行为，会起到积极的推进作用。

第三，有利于预防和减少行政争议。行政合同双方在协商过程中会较多考虑合作目标，能够带来的实际效益、双方需要做的工作，特别是招商引资（包括引进研究机构）协议，只要意向中的机构愿意落户，政府机构都会大手笔地给予补助补贴。但在协商过程中，对于对方违约责任的约定则是寥寥无几。然而市场行为和科研行为都有自身的内在规律，不可能完全根据双方事先的美好愿望发展。因此，在合同审查过程中，按照相关法律要求，明确各自权利义务和责任，就可以在发生问题时有据可循，预防和减少行政争议的产生。

四 受益者及其受益的情况

第一，行政机关。合同审查过程中应当注意的问题，也是合同协商、谈判过程中应当重点关注的问题。因此，合同审查指南可以让广大的行政机关清楚地知道，签订合同过程中应当注意什么问题，在协商过程中心中有数，不至于让对方主导协议而让行政机关利益受损。2015年，宁波市法制办以本办公室的名义发布了行政机关合同审查指引，在全市各级行政机关中开始实施；2017年2月，该指引经修改完善后正式作为地方标准颁布。2015 年以来，宁波市法制办每年按照合同审查标准审查合同 60 余件，迄今为止没有因发生争议而被提起诉讼或仲裁的情况，让广大行政机关大大受益。

第二，行政机关合同审查人员。合同审查是一项专业性较强的工作，既需要较深厚的法学专业知识，也需要相应的工作实践。目前，一般由法制机构承担合同的审查职责。从目前情况看，法制机构的人员有限，宁波市的各区（县）市法制机构，人员一般为 3 ~ 5 名；在市政府各部门设置了专门法制处室的，从事法制工作的人员也就 1 ~ 2 名，还有些部门没有设置法制处室或没有专门的人员。由于专门从事法制工作的人员少、有些还没有接受过专门的法学教育，因此，这些人员承担合同审查职责有一定的困难。而颁布审查指南，可以让审查人员在较短的时间内把握审查重点和方向，这对于提高合同审查人员业务素质，加强审查的针对性和实效性，很有益处。

第三，国家和社会公共利益。行政机关合同虽然是行政机关作为一方当事人签订的，但是行政机关并不是为了其自身利益，而是为了国家和社会公共利益。因此，加强对合同起草工作的审查，不仅是为了及时预防法律风险、避免财政资金的流失，更重要的是履行好行政机关的责任，捍卫好行政机关所代表的公共利益。在合同审查过程中，由中立第三方进行审查，在涉及专业性问题时要征求专业部门的意见，比如在涉及财政支出等内容的要征求财政部门的意见，这种层层把关的机制设计，可以最大程度地维护国家和社会公共利益，避免了国有资产流失受损。

第四，合同相对人。行政机关和合同相对人是利益相关的，但双方并不是互为输赢的关系，而是可以通过规范的合同实现双方双赢共享。通过合同审查，减少不规范的"任性"条款，表面上看双方的自由都受到了限制，但这恰恰保障了双方交易的自由和权利的实现，因为"野蛮生产"的合同终究是难以持久的。而且，合同法治化规范化程度提高，也使得交易更为透明可期待，这不但降低了交易成本，对合同相对人也大有裨益。

五 之前已经获得的其他荣誉

第一，《法制日报》专门报道。2018 年 4 月 19 日，《法制日报》以半个版面的篇幅，专门介绍了宁波市法制办公室出台《行政机关合同审查指南》的相关情况、积极作用和社会各有关方面的评价。浙江海泰律师事务所的徐建民认为："我工作中接触到的行政机关合同质量有了很大的提高。该指南对我们律师开展合同审查工作，也有很好的帮助。"浙江大学教授金彭年说："通过合同方式进行治理，是经济和社会发展到一定阶段的必然产物，然而，政府权力的运行必须纳入法治化的轨道规范运行。宁波市加强行政机关合同管理，是贯彻落实党的十八大、十九大以及《中共中央关于全面推进依法治国若干重大问题的决定》的具体举措，是非常有益的探索。"该报还配发了《行政合同规范 依法行政才有可能》的评论，该评论指出"浙江省宁波市出台全国第一个有关行政合同审查的地方标准规范，并严格按照《指南》里所规定的标准严格审查行政机关合同，对预防和避免各类纠纷起到了积极作用……行政合同，能受到严格的约束与规范，变得更加科学、可行、符合社会公共利益，正是法治政府建设取得成就的又一表征。"

第二，浙江省政府法制办专报报道。2018 年 5 月 17 日，浙江省人民政府法制办公室刊发了《宁波市法制办推进行政机关合同审查标准化》的专题简报，介绍了宁波市法制办推进合同审查的主要做法，并将相关情况报送给了司法部以及浙江省委、省人大、省政府、省政协办公厅和各地人民政府及其相关部门。近年来，全国多个省市政府法制机构来宁波法制办考察、学习合同审查的做法。

基层法治政府建设中的"大部制"改革

内蒙古鄂尔多斯市鄂托克前旗人民政府

为认真贯彻落实《中共中央、国务院关于印发〈法治政府建设实施纲要（2015—2020）实施方案〉》和《内蒙古自治区党委自治区人民政府关于印发〈贯彻落实法治政府建设实施纲要（2015—2020）实施方案〉的通知》的要求，深入推进依法行政，加快建设法治政府，把政府工作全面纳入法治轨道，2017年，鄂托克前旗委、政府坚持以人民为中心，结合依法治旗实际，先行先试，大胆创新，率先建立全区首个旗县级人民政府法律事务中心，走出了一条符合基层实际、契合群众需求的法治政府建设"大部制"改革新路子，被确定为自治区"全区首届法治政府建设示范旗县"。具体来讲，就是以"集中化、多元化、规范化、立体化"为主要抓手，实现了全旗涉法事务"一厅通办"、矛盾纠纷"一线调解"、政府决策"一体保障"、法制监督"一个标准"。

第一，变"分散"为"集中"实现涉法事务"一厅通办"。

一是机构的集中，旗人民政府以法律事务中心为平台，统筹旗行政复议委员会、决策咨询委员会、人民调解委员会、农村土地承包仲裁委员会、政府法制办公室、法律顾问处、鄂尔多斯仲裁委员会鄂托克前旗办事处等机构职能。全面开展合法性审查，矛盾纠纷化解，行政执法监督，领导干部法制教育等各项职能工作。

二是人力资源的集中，我们把过去分散的工作人员集中在法律事务中心，同时我们聘请两家律师事务所，聘任45名农村土地仲裁员，统筹72名具备法律职业资格人员和209名本土专家，我们通过汇聚各界精英，组建政府智库，为矛盾纠纷化解和政府决策提供强有力的人才支撑。

三是集中处理涉法事务，我们实现了一厅多能共享，在办事大厅我们集中开展咨询受理，在仲裁厅统一处理各类矛盾纠纷，在调解会商室开展专家咨询论证，在视频培训大厅承办各类业务培训。通过专人受理，专人对接，专人审查，实现一窗受理，一厅通办，限时办结，经过集中处理我们业务办理时限整体缩短了 30% 以上，同时我们避免了基础设施重复建设，有效节约了行政成本。

第二，变"单一"为"多元"，实现矛盾纠纷"一线化解"。

一是积极探索矛盾纠纷化解新模式，我们以群众少跑路、好办事为目标，聚集资源、平台、人员等要素，打造一个为老百姓提供"一站式"法律服务的平台。

二是建立"多元低廉"的矛盾纠纷化解机制，我们将行政复议、行政裁决、参与行政诉讼、农村土地仲裁、民商仲裁、人民调解等机构职能，统筹集中在法律事务中心。将各类型案件进行统一受理、分流处理、限时办理，形成了集中多元、高效便捷、成本低廉的工作机制，扎扎实实将矛盾纠纷化解在一线、解决在基层。

第三，变"粗放"为"规范"，实现政府决策"一体保障"。

一是源头清，我们把公众参与、专家论证、风险评估、合法性审查、集体讨论决定制度化，作为重大行政决策的必经程序，从源头上消除和减少行政争议。

二是过程严，我们通过整合法律专业人才、建立专家库共享机制、对决策事项进行评估论证，切实做到科学决策、决策合法。

三是反馈勤，通过建立重大决策跟踪反馈制度，实时跟踪决策实施情况，充分了解公众意见和建议，确保我们的行政决策公正透明，切合实际。

第四，变"条块"为"立体"，实现法制监督"一个标准"。

一是强化内部监督，在加强队伍建设方面，我们依托法律事务中心，建立系统化、常态式的法治教育培训体系，不断强化领导干部法治思维，提升依法执政、依法行政水平，同时我们严格规范操作程序，在矛盾纠纷化解、合法性审查、执法监督、教育培训等方面，制订了23项具体操作规范，实现了制度化、全流程监管。

二是强化外部考评，健全绩效考核评价制度，细化考评条目339项，真正做到了操作有规范、推进有标准、过程有监督、考核有依据的全流程考核评价机制。

三是强化综合监督，我们通过公开监督电话，聘请113名行政执法义务监督员等举措，及时纠正违法和不当的行政行为，牢固树立有权必有责、用权受监督、违法必追究的执法理念。

改革和法治如鸟之两翼，车之两轮，只有二者相互呼应、相互依托，方可相得益彰，在这全面深化改革之际，鄂托克前旗将继续创新举措，以改革促进法治，用法治保障改革，让法治鄂托克前旗的宏伟蓝图和依法治旗的崭新画卷在大美前旗这块热土上激情绘就！

北京市行政执法信息服务平台

北京市人民政府法制办公室

一　主要内容

北京市行政执法信息服务平台总体规划为三期。通过已完成的两期建设，不仅实现了全市执法数据的归集和监测以及大数据分析和评价，还通过平台系统建立了一套针对行政执法的指标评价体系。平台在整合、集成全市行政执法数据的基础上，运用大数据分析手段对执法进行要素化解析，并对执法力量投入、法律法规实施、行政权力运行、执法效能发挥等实施监测，最终通过多维度的执法考核评价指标体系对全市行政执法情况进行分析评价。平台及指标评价体系不仅为全市法治政府建设进程的度量提供了客观依据，而且为市委、市政府科学决策、全面检验"放管服"改革的成效提供了数字化支撑。截至目前，平台已经实现了以下功能。

（1）对行政执法基础信息的归集及整理。通过对全市各级执法机构、执法岗位、执法人员、执法依据、行政权力等基础数据的归集和整理，比较全面客观地掌握了全市行政执法的组织体系、权责配置、人员配比等基础信息。截至 2017 年底，已完成对各级行政执法机关 2264 个执法主体、5956 个执法岗位、80728 名执法人员的信息以及 3534 部法律法规、11.1 万条法规条款依据、1.1 万项行政权力信息的归集和分类整理工作。

（2）对行政执法动态数据的监测和测评。截至 2017 年底，平台已累计接入 2015～2017 年行政检查、行政处罚等权力运行的 5300 多万条信息，并建立了拥有近百个客观指标的指标评价体系和140多个分析评价模型，形成了从执法投入、执法密度、执法强度、履职效率、社会响应能力等多个维度对不同区域、部门、领域的执法状况进行动态监测评估的指标体系。例如，我们利用执法岗位设置和在岗人员关联的数据，可以对各部门执法力量投入的状态进行分析评价；利用区域面积、人口、GDP等数据，可以对16个区的执法人员配比密度、行政检查和行政处罚的实施密度进行分析评价；利用人均检查量、处罚量、处罚周期等指标，可以对各部门、各区域的执法强度和执法效率进行分析评价；利用处罚职权履行率、均衡度、社会响应度等指标，还可以对全市各部门、各区域职责效率和社会效果进行分析和评价。这些客观数据有利于更加清晰地了解行政执法的真实状态，也有利于更加精准地发现问题、找准解决问题的方法。

（3）服务政府改革和决策的功能。通过对全市3年执法数据的归集分析，我们对执法效能指标评价体系的不断优化和调整，"平台数据＋指标评价"的执法监督模式已逐步被各区、各部门所重视，执法监督也逐步由"末端被动拦截式"的个案监督逐步转向"前端主动引领式"的体系监督。通过平台数据的应用和分析，不仅回答了"法够不够用"、"权力够不够用"等问题，而且有效检验了"放管服"改革的成效，也引领着各区、各部门不断优化人力资源配置、不断调整执法重心、不断提升履职能力和履职效果，同时通过对行政执法内在规律和趋势的把握，也有利于为市政府实施改革和决策提供支撑。

二 发起的动因和背景

在建立平台之前，北京市行政执法工作还没有对行政执法进行整体调控和综合评价的载体，行政执法机构多、人员多，业务系统标准不一、执法数据难以有效归集和分析利用。面对十八届四中全会全面依法治国的任务，北京市亟须建立一个综合、直观的大数据平台，以实现对各级行政执法部门执法数据的统筹归集和对各级政府部门履职效能的监测分析。为此，北京市政府法制办于 2013 年提出建立全市行政执法信息服务平台项目，并在市委、市政府的大力支持下，着手平台的建设。在北京市十四届人大一次会上，政府工作报告中明确提出了"构建行政执法信息服务平台，加强和改进行政执法"的任务。随后，市政府将平台建设列为 2013 年折子工程，由市政府法制办为主责单位牵头建设执法平台。

三　对实现法治政府建设目标的意义

北京市执法信息服务平台不仅实现了执法数据的有效归集和整合，而且实现了对执法全要素的动态监测和评价，特别是通过建立多维度的分析评价指标体系，将分散的执法数据集成分析并支撑改革和法治政府决策，真正实现了行政执法数据的可归集、可监测、可分析、可利用、可评价。

北京市行政执法信息服务平台作为全国首个综合性执法大数据分析展示平台，率先在全国法制系统实现了执法数据的全口径归集、权力运行的全过程监测、执法效能的多维度评价和政府改革决策的数字化支撑。这种大数据集成和分析方法在全国法制领域起到了引领和示范作用，平台建设的相关内容和经验已开始在相关省市复制、推广。

四　受益者及其受益的情况

（1）行政执法人员及监督人员的受益情况

北京市行政执法信息服务平台依托市电子政务网络，已覆盖市、区、街（乡）各级的 2264 个执法主体。业务服务覆盖全市全部 6.3 万行政执法人员和 627 名执法监督人员。平台已开发的两期支持在线业务办理、信息查询录入和大屏分析交互展示等功能。作为平台的用户，执法人员和执法监督人员可以通过平台实现信息查询、业务办理、数据统计分析等需求。项目三期还将实现更多的功能拓展，包括支持现场执法和支撑指挥调度以及移动端 APP 业务等功能，使执法人员在工作中得到更多的便捷与数据支持。目前，执法平台的日常活跃 IP 约 1500 个，活跃用户在 10000 人以上。

（2）行政执法部门及监督部门的受益情况

平台通过两期的开发建设，目前已集成了权力清单管理、执法岗位管理、法律法规管理、执法案件管理、两法衔接移送等 17 个功能模块，归集了执法要素数据和执法案件数据 6000 余万条，为全市执法情况监测及宏观决策定制的多维度的分析模型，实现了对执法全要素的动态监测和评价。有效地支撑了全市的依法行政工作和法治政府建设。平台通过建立权力清单管理系统实现了政府权力的要素化和动态调整，不仅让各部门对各自权力的拥有和使用情况有了一个清晰的了解和把控，还理清了各部门权力监管的边界，同时也为上级监督部门对各部门权力的实施履行情况有了客观的掌握。通过建立两法衔接系统健全了行政执法和刑事司法衔接机制，完善了案件移送标准和程序，提高了案件移送效率，减少了案件移送过程中相互推诿和执法不作为等问题。通过建立大数据分析平台及交互展示系统，使市政府更加综合、直观地掌握各级行权部门的权力运行、法律执行和监管职责履行等情况，同时利用分析模型对行政要素组合运行状况进行监测、分析和评价。

（3）行政执法效果及改革的受益情况

平台自 2015 年上线运行以来，共积累了全市三年的行政执法数据，通过对三年的数据进行对比分析并在年度执法考评中运用相关指标进行引导，北京市行政执法的主要指标数据均发生明显变化，行政执法的效能和效果均得到有效提升。其中：全市的行政处罚案件总量由 22 万件增长到 55 万件，增长率为 150%；执法检查量由 122 万件增长到 189 万件，增长率为 54.9%；行政处罚年人均办案量由 9.7 件增长到 20.7 件，增长率为 113%；举报案件立案查处率由不足 20% 增长到近 50%，增长率为 150%；职权履行和法律法规使用的比例也均提高 40% 以上。

从平台日常监测的行政执法 20 多个指标来看，北京市的行政执法总体发展趋势向好，"放管服"改革的效果正逐步显现。一是各执法部门履行事中、事后监管职责的主动性、自觉性明显提高，执法不作为、怠作为的情况明显减少；职权履行覆盖面和均衡度稳步提高。二是重点领域执法工作力度逐年加大，在城市治理、疏解非首都功能等相关领域的行政检查、行政处罚强度逐年加大，对经济、社会发展和民生保障的支撑作用日趋明显。三是行政执法队伍的规范化建设水平及执法能力显著提高，执法力量的配置日趋合理。

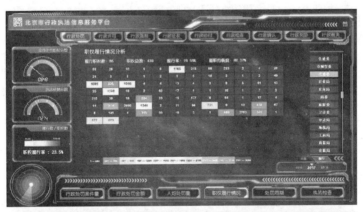

从全覆盖到个性定制，打造专业化精细化政府法律服务的社会治理新模式

广州市越秀区人民政府

党的十九大报告明确了全面推进依法治国、建设法治中国新的历史方位。习近平总书记强调，各级政府必须坚持在党的领导下、在法治轨道上开展工作，加快建设职能科学、权责法定、执法严明、公开公正、廉洁高效、守法诚信的法治政府。习近平总书记在参加十三届全国人大一次会议广东代表团审议时，对广东省提出了"四个走在全国前列"的明确要求，特别提到广东社会结构复杂多元，社会治理难度大，要创新社会治理体制，改进社会治理方式，加快形成社会治理人人参与、人人尽责的良好局面，要在营造共建共治共享社会治理格局上走在全国前列。

一 主要内容

近年来，广州市越秀区全面贯彻依法治国总要求，坚持以人民为中心，把"建立健全法律顾问制度"作为法治国家、法治政府、法治社会建设的着力点和有力抓手，积极引入社会律师参与法治越秀建设，不断完善基层矛盾纠纷多元化解机制，逐步建立起以"政府法制机构人员为主体、吸收专家和律师参加的法律顾问队伍"，探索形成"政府驻点＋社区坐诊＋多元调解"三位一体的共建共治共享社会治理"越秀模式"，

为推动越秀实现高质量发展提供了强有力的法律保障。经过多年实践，越秀区实现"两个100%全覆盖"、"四个率先"、"四个提高"，全区行政诉讼案件败诉率全市最低，上访率逐年下降，获得了上级领导的肯定和居民群众的点赞，中央省市各级媒体进行了集中报道。2014年越秀区被评为广州市法治政府示范区，在2016年全国县（区）级政府透明度中位列全国前10，2014～2017年连续四年蝉联全省各区（县）公共服务满意度第一，连续荣获《南方都市报》2016、2017年度广州城市治理榜人类发展指数金奖，2018年获评第四批"全国法治建设创建活动县（市、区）先进单位"。

（一）打造高层次"政府法治智库"，规范基层治理每一环节

围绕提高政府基层治理能力、将法治思维和法治方式融于基层治理各个方面这一目标，印发《广州市越秀区创建珠三角法治政府示范区工作方案》，挂牌成立区政府法律顾问室，建立以区法制办为主导、律师事务所主动配合、外聘律师积极参与的政府法律顾问工作机制，全区各职能部门参照区政府法律顾问模式，逐步建立内部决策合法性审查机制。2013年试点外聘法律顾问驻点办公，2016年全面推开，2017年区政府系统法律顾问制度基本实现全覆盖。

1. 律师跟线服务，协助把好决策关。越秀区为区长及分管不同领域的副区长配备各有专长的律师顾问团队，提供专业定制的跟线法律服务，积极推动区政府法律顾问工作向经济、民生、城市管理等政府治理各个领域延伸，为区政府负责人提供行政决策论证，使区政府法律顾问在更大范围、更深层次发挥作用。充分发挥律师联系群众的桥梁作用，协助区政府了解基层社情民意和全区经济、社会运行状况，及时把矛盾纠纷化解在基层萌芽状态，努力让居民群众在每一项依法决策、每一个执法决定、每一宗复议案件中充分感受到公平正义和幸福尊严。

　　2.律师驻点办公,协助把好法制审核关。凡涉及重大事项的文件,必须先经本部门法制机构或法律顾问的法制审查,请示(区政府)文件未附法律顾问书面审查意见的,收文机关可以退文,逐步确立包括审查上位法依据、司法观点、参考先例等标准化办文法制审核流程,从制度层面对行政规范性文件进行全流程监督和管理,从源头上避免乱发文、出台"奇葩"文件的现象。如在制定区重大招商引资政策文件过程中,法律顾问对文件的上位法依据、奖励标准、制定程序等各方面进行合法性审查,提出修改意见,为该政策的依法制定实施进行全流程把关,有效提高了政策制定水平。该做法获得了国家公平竞争审查督察组肯定。

　　3.律师驻队参与一线执法,协助把好规范执法关。驻队律师通过参与一线执法,对行政执法进行提前研判、现场分析,及时给出法律意见,必要时以第三方身份对执法对象进行法制教育,促使群众自觉配合行政执法。对因执法行为引起的行政诉讼,推行由部门负责人与法律顾问组成"1+1"模式出庭应诉,实现律师从案件研究、现场执法到行政诉讼的全流程参与,形成执法前防范法律风险、执法过程中严格依法办事、执法后落实法律责任的律师参与执法的闭环机制。如为破解"城管执法难"、"减少执法争议",2017年5月在下辖白云街、北京街率先开展"律师驻队"试点,由签约律所指派一名专职律师常驻街道城管执法中队,重点提供出庭应诉、执法取证、宣传教育等 8 方面的法律服务。该项试点获得广州市的肯定,今年 5 月由市司法、城市管理部门联合发文在全市推广。

(二)打造高质量"法律公共产品",配送法律服务到群众身边

针对居民群众对民主、法治、公平、正义等"基本公共产品"需求更加突出的新形势,公共法律服务发展不充分、供给不平衡、品质不高等问题,越秀区率先全省落实"一社区一法律顾问"制度,坚持"广泛遴选、双向选择、择优签约、就近服务"原则,经过公开遴选,现签约 21 家律所约 150 名律师驻点全区 222 个社区,每月定期定点"坐诊",努力为居民群众提供多样化、个性化、多层次、高品质的"法律公共产品"。累计提供免费法律服务 18287 项,引导居民群众"办事依法,遇事找法,解决问题用法"。

1. 分级"诊断"、对症下药。"法律普通门诊"由街道社区两名法律工作者组成,主要以政策咨询、社会保障为主,重点解决低保、医保、廉租房申请、下岗职工再就业、家庭邻里纠纷等问题;"法律专家门诊"由坐诊律师与其助理组成,为居民提供房屋继承、家庭婚姻、经济纠纷、涉法涉诉等方面的专业法律服务。

2.因地制宜、个性服务。根据各街道各社区地域、人群、商业类型特点，以及各自矛盾集中的特殊性，选派不同专业特长的律师组建社区法律顾问团队。各个坐诊团队发挥自身特色和优势，为解决基层矛盾提供了更高水准、更加专业的法律服务。如登峰街在外国人较多的社区打造外国人法律服务平台，设立"外国人法律服务工作室"，聘请多名社会责任感强、外语水平高的律师，专门为来穗外国人提供法律咨询、矛盾调解等服务，帮助外国人尽快融入广州。

3.线上线下、快捷便民。借助"互联网+"，用好"两微一端"，组建"微社区e家通"、微信工作群、QQ法律在线值班等线上法务服务平台，把线下定期坐班与"线上远程服务"相结合，打造线上"普法小广场"，让群众"往上跑"改为"网上跑"，不出家门就能解决法律难题。如区信访局联合知名律所设立越秀服务站，打造越秀信访网"在线律师"法律咨询栏目，将信访问题纳入法治轨道解决，引导居民群众"信法而不信访"。

（三）打造高效率"多元调解平台"，消解社会矛盾在最初萌芽期

人民调解是化解基层矛盾不上扬的重要法宝。通过引入律师加入调解队伍、创立律师调解工作室等方式探索走出一条专业化、规范化、高效率的基层调解新道路，使群众由"大闹大解决，小闹小解决，不闹不解决"向"有问题找律师"转变，牢牢守住"第一道防线"。仅2018年上半年，全区各人民调解委员会共调解民间纠纷1777宗，调解成功率达99.7%。

1.发挥律师"调解员"作用。率先全面推行社区律师担任社区调解委员会的调解员并兼任社区调解委员会副主任，强化社区法律顾问与人民调解之间的有机结合，推动社区邻里纠纷、家庭矛盾就地快速化解，避免矛盾层层上交，实现"小纠纷不出社区、大纠纷不出街道"。以"旧楼加装电梯"工作为例，高低楼层业主利益难以协调，通过社区法律顾问提前介入，在高低楼层业主磋商过程中发挥律师的第三方沟通桥梁作

用，向业主做好解法释法、搭建双方沟通平台、提出合理补偿方案等工作，两年来全区顺利推动共计212台电梯完成加装，越秀经验在全市推广，2017年底央视《社会与法》栏目专门对此进行了报道。

2.发挥"专业和事佬"作用。按照"谁主管，谁负责"原则，联合专业律所组建商事、医患纠纷、版权纠纷、婚姻家庭、劳资关系等重点行业、重点领域的专门调解委员会。如区人社局、总工会、工商联共同组建区劳动人事争议三方联合调解中心，首批聘请11名律师担任中心调解员，承担全区劳动人事争议调解工作，重点关注农民工与外来务工人员的劳动保障状况。中心成立8个月以来，共调解案件110宗，涉案金额300余万元。

3.发挥"个人冠名调解工作室"作用。支持知名律师以"个人＋团队"模式设立个人调解工作室，发挥知名律师调解经验丰富、口碑好的"个人＋团队"优势。如以知识产权调解为主的李文立律师工作室、以婚姻家庭调解为特色的张薛岚律师工作室在越秀相继成立。"吴承泽律师调解工作室"以党建引领为纽带，吸纳党员律师成员超50名。2017年，吴承泽律师工作室为人民街成功拆除109户历史违建提供了专业的法律意见。

（四）创新保障机制，破解三大难题，让"越秀模式"落地生根

为规范律师有序参与越秀法治进程，出台《越秀区人民政府法律顾问室管理办法》、《越秀区关于深入开展一社区一法律顾问工作的意见》等系列文件，制定法律顾问的遴选标准、工作机制、考核标准和资金保障等制度，形成"党委领导、政府负责、人大监督、各部门积极参与"的法律顾问工作生动格局。

1.建立培训考核机制，做好经费保障，破解律师效率低、热情低的难题。坚持管理与服务并重，定期举办政策业务集中培训会，切实提高法律顾问的政治站位。一是建立法律顾问效能考核机制，明确"四个一"要求：坐诊律师每周至少到社区服务1天、每季度至少在社区举办法治

讲座 1 次、驻队律师每周至少进行 1 次执法专题讲评、每月开展 1 次法律专题辅导。通过实地检查、台账检查、听取社区居委会和群众意见等形式，对律师和律师事务所工作情况进行年度评价，作为是否继续聘用的重要依据。二是加大政府购买法律服务力度，建立"财政兜底"、"以案定补"、"奖励优秀"等多形式经费保障机制，吸引"专业化、高水准、经验足"律师参与法治越秀建设。对于社区法律顾问工作所需经济补贴、培训经费、专项工作经费纳入财政预算，按照市区 1:1 的比例每年给予每个社区坐诊律师 2 万元"兜底"经费。三是律师通过参与"社区坐诊"，如有诉讼委托，则按"平价"收取费用，既提高了个人行业声誉与社会声誉，又赢得了群众的宝贵信任，实现政府、群众和律师的多方共赢。

2. 建立法制工作联合会商制度，破解信息不对称、行动步调不一致的难题。依托区政府法制工作联席会议平台，探索建立全区各部门协同作战的联动机制和重大纠纷案件磋商机制，及时预警，快速响应，形成工作合力。一是依托区政府法制工作联席会议平台，规范议事流程，定期召集会议研究涉及全区性矛盾纠纷化解工作的重大事项与重要案件，将驻点办公与登堂坐诊法律顾问的工作统一协调于区的矛盾化解工作中，破解双方行动步调不一致的难题。二是建立重大纠纷案件磋商机制，对复杂问题、疑难案件进行专项研究磋商，形成重大纠纷案件协同联动解决的工作合力。三是借助互联网，以微信工作群、联络群、协调群的方式，通过对顾问团队负责人的管理实现对所有法律顾问工作的监管，同步实现各社区舆情及时通报，以及涉众案件的统一协调处理。

3. 建立便捷互动的沟通联络机制，破解居民参与度不高的难题。长期以来，居民心中普遍存在着"律师很遥远、律师很神秘、律师收费很贵"的观念，对聘请律师来解决纠纷感觉可望而不可即。越秀区为有效提升社区居民对基层治理的参与度，及时妥善化解社会矛盾。一是加强普法宣传，通过印发宣传用品、制作车身公益广告等方式扩大社区法律顾问的名片效应。制作附带二维码的社区法律顾问公示牌，只要社区居民用手机一扫即可获取法律顾问的信息，让"律师进社区，服务零距离"的理念深入人心。二是在社区法律顾问与居民之间建立便捷互动的联络机制，发挥社区贴近居民的优势，组织社区法律顾问开展专题法律讲座，服务来穗人员、农民工公益法律活动，另外借助社区e家通等法律服务平台，着眼于身边人、身边事，把辖内居民普遍关注的法律问题交给律师进行解答。各顾问团队还通过服务公众号，建立律师预约上门和应急联络服务机制，大大提高了居民对法律顾问的认同感。三是主动作为，送法上门。社区法律顾问根据社区社会结构特点，不定期开展专项征询调查工作，如珠光街、黄花岗街社区法律顾问主动进社区了解外来务工人员的工资发放情况，对存在欠薪纠纷的，主动搭建劳动者与雇主之间的沟通渠道，通过法律宣讲、以案说法，指引双方友好解决劳动争议。让群众在享受优质法律服务的过程中，对社区产生归属感，自觉守法用法。

二 发起的动因和背景

随着法治政府建设工作的全面推进，发挥法律专家、职业律师在政府重大决策、处理重大事务合法性审查中的重要作用，提高依法行政的能力水平，与推进法律服务进社区，保障人民群众尤其是低收入群体的合法权益，引导群众依法理性表达利益诉求、解决矛盾纠纷，提升社会治理法治化水平，构建共建共治共享的社会治理格局，是一个问题的两面。

越秀区辖内现有180余家律师事务所和3600余名律师，两者数量几乎占全广州市律师事务所和律师数的1/3，对于开展政府法律顾问工作和一社区一法律顾问工作具有得天独厚的优势。在越秀区政府法制机构及司法部门的组织下，积极推动区政府及全区各有关单位根据工作需要配备专职或兼职法律顾问；同时，由各社区居委会与律师事务所通过双向选择签订法律顾问合同，律师事务所指派符合条件的律师担任社区法律顾问。开展法律顾问制度建设工作，让政府工作有了底气，也使广大居民群众真真切切感受到"人民政府是依法办事的，是切切实实保障人民权益的；律师并不遥远，自己所在的社区就有；律师并不昂贵，对辖内居民提供咨询全部免费，代理诉讼也给予很大的优惠"。对于优惠条件都难以承担的低收入家庭，凡符合法律援助条件的，还将帮助其申请免费的法律援助。对律师而言，从法律的角度为政府建言献策，大大增强了职业荣誉与参与感；从事公共法律服务，在确保一定职业收入的前提下，也对其社会评价和业务发展起到了良好的宣传效果。

越秀区结合区情，广泛调动区内丰富的律师资源，统筹协调、规范管理，以开展政府法律顾问制度建设和一社区一法律顾问制度建设的形式，创新多元化法律服务管理方式，把省委、省政府部署的"规定动作"完成得既有创意又能出彩，在有效提升基层治理法治化水平的同时，也为从事社区法律服务工作的律师树立了正派积极的形象，实现了基层治理法治化的"三赢"。

三 对实现法治政府建设目标的意义

（一）全区法律意识不断提高

通过法律顾问入社区、入部门这种纵深融合模式，全区各单位及群众的法律意识、法律思维空前提高。律师们通过制作具有针对性的法律知识宣传册，举行专题法律讲座、以案说法和以身边事讲法说法等形式强化普法宣传工作，使得群众在涉及自身利益的事件中学法懂法、自觉守法用法。如人民街、六榕街、光塔街团队每周编辑、出版《一周法讯》，为社区居民提供时政法治信息。部门驻点律师更多的则是通过亲赴执法一线，现场剖析教学执法中的法律依据来更直观地进行普法教育，从而让执法人员知法守法、依法办事。越来越多的群众潜移默化形成了"信法不信访"、"有问题找律师"的良好习惯,从源头上预防和化解矛盾纠纷,更好地维护合法权益。

(二)依法决策水平不断提高

越秀区推行政府法律顾问制度,让政府法律顾问深度参与政府法律事务,一是可以为政府重大行政决策、制定规范性文件等进行法律方面的研究论证和风险评估,有效降低决策风险和成本,提高决策质量,有利于集中民智、凝聚民力、体现民意。二是可以为重大疑难行政执法行为提供法律咨询意见,提高行政执法水平。三是通过政府法律顾问参与日常管理工作,有助于增强各级行政机关领导干部及工作人员的法治观念。

(三)行政执法水平不断提高

全区各部门依法公布权责清单,驻点律师对部门政策出台、执法行为的直接参与,使得部门的各项工作更加规范,在法治的轨道上更加有效运转,也使各部门能依法行政、文明执法、服务意识大幅度提高。2016 ~ 2017 年度,全区行政应诉案件呈"两低一高"状况:在全市各区中行政应诉案件总数低——案件总数排名第六;行政诉讼案件败诉率为7%,为全市各区最低;同期行政机关负责人出庭应诉51人次,出庭率为28%,行政机关负责人出庭率位列全市各区第一。

(四)社会治理水平不断提高

法律顾问通过法治宣传,为社区治理提供法律意见,有效提高了基层干部依法行政意识、依法办事水平,有效地防范了风险。促进基层组织将法治思维和法治方式融入社区内部公共事务管理的各个方面,推进基层群众自治管理、科学管理和依法管理。如回龙里、大德中、法政社区法律顾问为两委换届选举提供法律意见,解答疑惑,指引社区依法开展居民委员会组成人员的选举工作。既让法律顾问更好地参与到社区服务中，也大大提高居民参与社区管理的积极性与主动性，从而实现社区居民自我约束、自我管理，共同参与法治社会建设，共享社会发展成果。

通过发挥法律顾问在社会治理中的第三方专业作用，越秀区探索打造共建共治共享基层治理"越秀模式"，贯通为民法律服务的"最后一公里"，有效实现将矛盾纠纷化解在基层，为国家中心城市老城区社会治理提供了"越秀样本"。接下来，越秀区坚持以习近平新时代中国特色社会主义思想为指导，紧紧围绕提高基层社会治理能力，进一步借鉴吸纳、总结深化法律顾问制度，以政府依法决策、依法行政树立起宪法和法律权威，带动全社会学法懂法、遵纪守法，把越秀建设成为全国最安全稳定、最公平公正、法治环境最好的城区之一，推动广东省实现"四个走在全国前列"、当好"两个重要窗口"。

构筑大数据审计监督"一张网"
以审计之力助推法治政府建设

天津市审计局

一　主要内容

近年来，天津市运用"制度＋科技"办法构建大数据审计监督"一张网"，市审计局率先在全国建立联网实时审计制度，实现全市数据大集中，通过再造审计业务流程、推广数字化审计方式，推动建立健全了审计全覆盖长效机制，大幅提高了审计工作质量和效率，这项工作得到了审计署充分肯定，先后有 70 多批次国内外审计机关来本市学习考察大数据审计，发挥了示范和引领作用。大数据审计实现了审计的全覆盖，改变了传统的审计模式，提升了审计监督的整体效能，过去多年才审计一次甚至存在审计盲区，现在每年都可以审计一轮；过去审计发现的问题都在事后，现在即刻发生即可发现；过去只审计点上问题，现在点面结合，拓展了审计促发展、促改革、促安全、促绩效、促反腐的作用发挥，助推全市依法行政建设。

一是建成审计大数据中心。采集数据"全"，联网覆盖市、区两级政府部门和国有企业，辐射市、区及所属单位。包括财务数据和审计工作相关的部门业务数据。采集数据"持续"，统筹推进大数据应用和安全防护工作同步实施、同向发力，最短可按日取得数据，发挥审计"实时"、"动态"监督的威慑力。

　　二是改造传统审计组织方式。在审计项目的统一组织上，审计工作组负责顶层设计和协调指挥；项目团队负责编制方案、专业指引和大数据审计；各核查组，专司现场审计之责。在审计资源调配上，从横向、纵向、内外三个维度整合全市审计力量，在机关内部打破处室界限，还抽调内部审计人员以干代训，各类人员混合编组，各审计组均衡配置专业力量。在审计项目实施上，推行扁平化管理，多部门高效协同，大数据分析团队作为后援部队，将重点延伸方向和疑点线索推送给现场核查，核查组将现场审计取得的下游数据和疑点核实结果及时反馈给数据分析团队进行二次分析验证，形成互享、互通、互动的数据交换模式。

三是促进政府部门信息共享。发挥审计监督桥梁纽带作用，建立跨部门数据库，多角度、全方位分析，验证数据信息的真实性，发现联网单位自身单一数据无法揭示的问题，与有关政府部门实现数据资源、审计思路、审计模型和审计成果等信息共享，促进政府部门管理协同，促进地方党委、政府从制度机制层面研判和解决问题。

截至目前，天津市审计局已实现与全部市级共计 173 家单位的联网。汇集了 16 个区的财政财务数据。定期采集财政、社保、民政、工商等部门 29 个业务管理系统数据。已累计向有关单位下达疑点核查和整改通知 186 份，由主管部门协查或审计核查 1088 个单位，纠正了 581 个单位的违规行为，有力推动了政府依法行政建设。2016 年，"一张网管审计"获得了天津市第五届行政管理创新奖。

二 发起的动因和背景

党的十八大以来，党中央、国务院将审计监督纳入党和国家监督体系，要求审计机关对公共资金、国有资产、国有资源和领导干部履行经济责任情况实行审计全覆盖。这不仅突破了传统审计的覆盖视野，也大大超出了现有审计资源的承载能力。以天津市审计局为例，审计全覆盖涉及了 100 多家市级部门预算单位，16 个区党委、政府，50 多家市属国有企业集团及其相关的 460 多名市管领导干部。以现有的 200 多名审计业务人员，按照传统审计方式，在不考虑市委、市政府和审计署交办审计任务的前提下，即使是满负荷运转，不间断地实施审计项目，每年也仅能完成对一部分重点单位、重点岗位领导人员的审计，距离实现审计全覆盖目标依然相差甚远，传统审计理念、方法和组织方式已经无法适应全覆盖的形势任务需要。通过运用大数据思维理念改革传统审计组织方式，有效缓解了审计全覆盖任务繁重与审计力量不足的突出矛盾，为实现审计全覆盖提供可借鉴的新路径，推动了审计由传统的"事后监督"向事中与事后监督相结合转变；构建大数据审计监督"一张网"，出台《天津市联网实时审计监督办法》，有利于建立健全实时传送数据、实时在线监督等长效机制，联网实时审计的模式可复制推广；打破数据壁垒，实现信息共享，有利于强化政府部门管理协同，加强对公共资金使用绩效的过程监督，前移审计监督关口，发挥审计抓早抓小抓初萌的"免疫系统"功能。

三　对实现法治政府建设目标的意义

（一）完善和深化了权力运行的监督制约体系

过去开展审计，分析查找问题主要来源于被审计单位提供的资料，被动性和局限性很大。实施联网实时审计，通过创新审计方法手段，不仅对现场审计提供全方位的数据支撑，还可以根据形势任务、政策导向、疑点分析等确立审计项目，并在事前进行充分研究和预判，使审计人员能够及时发现、纠正和预防权力运行中的违法违规等行为，从而加强纪律约束，实现对权力运行更加有效地制约和监督。

（二）运用科技信息手段实现审计监督全覆盖

在全市审计监督"一张网"环境下，采取日常监督、经常性审计、结果审计有机融合方式，按照短周期、中周期、长周期三种覆盖频次和密度，实现审计全覆盖。一是短周期经常性覆盖。每年组建若干跨专业团队，依托大数据对市级党政机关和事业单位、区级政府财政收支、重点公共投资项目等每年审计覆盖一次，形成抓早抓小抓初萌的经常性审计新机制。改变了以往重点单位多年才能审计一次和部分单位始终是审计盲区的问题。二是国企集团两年审计一轮的中周期覆盖。每年安排50%的市属企业集团，重点围绕"三重一大"事项，开展专项审计或跟踪审计，实行"两年审一次、一次审两年"。三是经济责任审计长周期覆盖。制定"五年审计一轮"计划，通过对领导干部履行经济责任情况进行任期内和离任审计，加强对权力运行的监督和制约，着力从宏观层面揭示系统性、体制性矛盾和问题，促进相关部门从根上完善体制机制，规范内部管理。

（三）创新审计方式手段增强审计监督对权力制约的实效性

发挥审计监督桥梁纽带作用，建立跨部门数据库，多角度、全方位分析，验证数据信息的真实性，可以根据立项审计中常见问题、跟踪检查重大政策措施落实情况，以及政府、民众、社会广泛关注热点等事项，设立审计主题，运用跨系统比对、批量审计等方法，查找"异常"，并通过联网单位自查或审计机关现场核查，进行问题确认并落实整改。发现联网单位自身单一数据无法揭示的问题，与有关政府部门实现数据资源、审计思路、审计模型和审计成果等信息共享，促进政府部门管理协同，促进地方党委、政府从制度机制层面研判和解决问题，极大拓展了审计成果的内涵和外延。

（四）以改革创新审计监督推动政府增强依法行政意识提高依法行政能力

构建审计成果嵌入政府管理机制，各类数据大集中打破了部门之间条块分割的"信息孤岛"，市审计局主动与建委、国资委、财政、民政等部门建立联动协同工作机制，在疑点核查、问题整改等方面协作配合，为有关部门履行监管职责提供了重要依据。死亡人员继续领养老金、开着"宝马"领低保、申报领取农村危房改造资金人员缺乏资格筛查等违规行为被及时制止，一系列体制机制上的薄弱环节得以及时完善，提高了政府部门的依法行政意识和依法行政能力。

四 受益者及其受益情况

（一）为审计监督全覆盖提供坚实支撑

通过构建审计监督"一张网"，市和区审计机关实现了被审计对象全覆盖和对审计全过程跟踪监控。一是范围更全。通过联网实时审计，将具备联网条件的被审计单位全部纳入实时监督的范围，一举解决了以往"多年才能审计一次"和扫除审计盲区问题。二是效率更高。市审计局以大数据审计筛查为问题疑点，在各区审计局现场开展核查，实现了思路共享、数据共享、成果共享。三是视角更宽。充分运用审计模型全天候紧盯的智能化优势，沿着资金使用轨迹开展审计监督，用大数据追踪预算安排、项目批复、拨付使用等多个重要环节，确保财政资金运用到哪里，审计监督就跟进到哪里。四是力度更大。联网实时审计的应用打破了长期以来各部门间存在的"信息孤岛"，促进了各部门间资源共享，将审计监督的覆盖范围从具体的被审计单位，拓展到与之相关的主管部门，在有效解决"审不到、审不全"问题的同时，为有关部门统一规范管理提供了重要参考依据。

（二）创新和发展了审计监督模式

一是弥补审计力量不足。联网实时审计改变了传统审计方式，拓宽了审计思路和视野，过去依靠人力几个月才能完成的疑点筛查，现在通过大数据审计模型，只需几分钟便可轻松锁定，极大提升了审计频次和效率。二是前移审计监督关口。探索利用大数据开展无项目审计和实时监控，通过审计业务流程再造，前移了审计关口，实现了事后监督向事中与事后监督相结合的转变。三是提高审计监督成效。深度挖掘联网数据价值，既从财务、业务数据寻找审计疑点线索，又通过实时更新的数据检验被审计单位整改成效，以杀"回马枪"的方式，着力解决长期存在的"屡审屡犯"顽疾，形成了审计震慑力。

（三）强化了行政权力的监督制约

一是规范权力运行。全市数据大集中实现了审计全覆盖，通过对所有联网单位进行不间断的监督，各单位的财政财务收支经济运行状况"尽收眼底"，一旦发现非正常现象或疑点随时预警，有利于把问题消灭在萌芽阶段，起到抓早抓小抓初萌的作用，规范权力运行。二是推进责任追究。与市委巡视机构、市纪委监委和公检法等机关部门建立健全了反腐败协作机制，与管理部门建立联动核查机制，与银行等单位建立信息查询机制，加大对重点领域的监督力度，提升审计成果利用价值，有效发挥了审计的职能作用，促进反腐倡廉建设。三是强化警示教育。大数据联网使审计监督有了"千里眼"、"顺风耳"，大数据全覆盖审计使审计频率由过去几年一次变为现在每年一次，有效避免催化形成严重问题，既有助于防范重大风险隐患，又降低了纠错成本。近年来，市审计局先后邀请29个市级单位600余名各级领导干部来市局现场观摩联网实时审计，审计监督关口前移，发挥良好的震慑和警示作用。

五　已经获得的其他荣誉

2016年3月17日，我局申报的"一张网管审计"行政管理项目荣获天津市第五届行政管理创新奖。

（一）国家级媒体眼中的天津审计

1. 2016年1月15日，中央媒体记者一行来到天津市审计局学习、调研并就审计监督"一张网"有关情况进行采访。新华社、光明日报、中国经济导报、中国青年报等媒体刊载文章宣传联网实时审计。

2．2016年1月25日，中央电视台《新闻联播》播出《天津：大数据审计严防违规违纪》。

（二）审计署领导调研指导情况

1．2014年4月23日，审计长刘家义来我市调研指导工作，在市审计监督指挥中心，实地观看了市级财政资金、社会保障资金、住房公积金、金融和固定资产投资联网实时审计现场演示。刘家义指出，天津市的联网实时审计工作在市委、市政府有力的领导下取得明显成效。

2．2013年12月26日，副审计长石爱中到市审计局调研指导联网实时审计工作，观看联网实时审计工作现场演示。石爱中指出，在市委、市政府的高度重视和大力支持下，天津联网实时审计工作进展很快，已取得初步成果。

3．2017年8月31日，副审计长孙宝厚到市审计局调研社保审计工作。实地观看了我局运用大数据开展联网实时审计的现场演示，对我市运用大数据审计方式开展社保审计的创新做法及成果给予充分肯定，勉励全市审计机关和审计干部巩固和发展实践创新成果，进一步提高依法履职能力和水平，在新起点上推动我市审计工作再上新台阶。

4．2017年11月8日，审计署党组成员、法规司司长刘正均到天津市宣讲十九大报告，并就大数据审计实地考察天津市审计监督指挥中心，召开专题座谈会，听取市审计局开展部门预算、区级财政大数据全覆盖审计、审计监督"一张网"建设以及审计法治建设工作汇报。

（三）中央纪委领导调研考察情况

2015年10月30日，中央纪委党风政风监督室正局级纪检监察专员兼副主任宋大军同志来我市调研指导工作。在市审计监督指挥中心，听取了市审计局关于联网实时审计工作情况的汇报。宋大军指出，运用审计监督"一张网"，能够有效监督各单位落实中央"八项规定"和控制"三公经费"

情况，能够在过程中及时发现问题，实现了抓早、抓小。通过联网实时审计加大强化了对各类民生资金的监督力度，是一项让百姓满意的民心工程。

（四）市领导工作指导情况

1. 2013年3月至2014年11月，常务副市长崔津渡先后2次到市审计局指导联网实时审计工作；先后3次主持召开试点现场会和全市联网实时审计工作会议。

2. 2015年3月9日，常务副市长段春华到市审计局调研指导审计工作。听取了市审计局关于联网实时审计和经济责任审计工作情况的汇报，观看了社会保险基金、落实中央"八项规定"情况等联网实时审计案例演示，对联网实时审计工作取得的成绩给予充分肯定。

3. 2016年2月24日，市委常委、市委宣传部长王贺胜率宣传部领导班子成员、机关部门负责人以及宣传系统所属各单位主要负责同志一行55人，来我局调研审计监督"一张网"和联网实时审计工作情况，了解了审计监督"一张网"的功能模块和联网实时审计工作流程，观看了联网实时审计案例。

4. 2016年3月4日，市人大常委会副主任崔津渡、市人大常委会副秘书长杨蔚东率财经预算工作委员会等一行10人，到我局调研指导联网实时审计工作。崔津渡同志听取了联网实时审计等工作情况的汇报，观看了审计工作新闻宣传片和联网实时审计案例演示，强调要进一步加强审计监督，防范审计风险，认真落实《天津市联网实时审计监督办法》，建好用好审计监督"一张网"，实施"全覆盖"、"实时审"；要求审计机关要总结经验做法，围绕人机交互、数据关联比对等，在现有基础上加大智能软件、模型研发力度，积极研究和开展智能审计。

5. 2018年3月15日，副市长孙文魁同志、市政府副秘书长王魁臣同志一行来市审计局调研指导工作，听取审计工作情况汇报，实地察看运用大数据开展联网实时审计现场演示，对近年来市审计局在强化审计监督、创新审计技术、推进全覆盖等方面所作的工作给予充分肯定。要巩固深化联网实时审计成果，把大数据作为生产资料，加强数据管理，创新审计模型，真正让数据"对话"，产生"化学反应"，不断提高审计精准度、扩大审计覆盖面。

（五）市领导批示情况

1. 2013 年 8 月 13 日，市委常委、常务副市长崔津渡在天津日报《审计开启联网实时审计模式》的报道上批示："这篇报道很有分量，直观、生动，既有一般的政策解读，又有深刻的分析论证，阐述了新审计方法在理论、观点、实践方面依法审计和开拓创新的做法。请市审计局组织贯彻落实联网实时审计办法，按照要求全面推进工作"。

2. 2014 年 4 月 21 日，市委常委、常务副市长崔津渡在《区县联网实时审计情况通报》上批示："请继续抓紧工作，今年市审计局和区县审计局要全面完成联网实时审计任务"。

3. 2017 年 1 月 1 日，常务副市长段春华同志在《市审计局关于我市开展联网实时审计工作情况的报告》上批示："刘健同志：我市联网实时审计成效明显，要进一步提高数据使用绩效，扩大联网范围，更好发挥审计监督的"利剑"作用"。

4. 2017 年 11 月 6 日，常务副市长段春华同志对《天津市审计局关于 53 个市政府部门政务信息系统专项审计调查情况的报告》圈阅批示。

（六）外国审计代表团考察情况

1. 2014 年 12 月 26 日，蒙古国审计署代表团一行 10 人来我局考察交流联网实时审计工作。

2. 2015 年 5 月 8 日，泰国审计代表团一行 9 人来我局考察交流联网实时审计工作。

3. 2016 年 4 月 6 日，老挝国家审计署代表团一行 12 人来我局考察交流联网实时审计工作。

（七）兄弟省市学习考察情况

自我局开展联网实时审计工作以来，全国共有 31 个省、29 个市、县审计机关先后来我市学习考察联网实时审计，在学习考察后，各兄弟单位普遍表示要吸收和借鉴天津联网实时审计的宝贵经验，进一步加强合作，共同推进审计信息化建设。

（八）本市兄弟单位学习考察情况

我市教育、卫生系统、体育局和城投集团、天津港集团等 29 家部门和单位，以及由各民主党派组成的特约审计员先后来我局实地观摩联网实时审计，共计接待处级以上领导干部 600 余人次。各兄弟单位在实地观摩联网实时审计后表示，联网实时审计的成功运用极大发挥了审计的震慑作用，必将推动各单位内部管理不断规范化、制度化。

重大行政决策目录化管理与网上运行工作

苏州市人民政府法制办公室

一 主要内容

2013年10月25日，苏州市人民政府颁布规章《苏州市重大行政决策程序规定》，对苏州市重大行政决策的范围界定、管理机制、管理措施、决策程序和相关要求等内容进行了具体明确，并提出"建立重大行政决策网上公开运行系统"、"重大行政决策实行目录管理"等要求。从2013年起，苏州市政府坚持以问题意识为导向，精准补齐决策规范化管理的短板，在全国率先探索重大行政决策目录化管理和网上运行等工作，不断推进重大行政决策科学化、民主化、法治化，重大行政决策规范化管理工作不断向纵深发展、向更高水平迈进。

一是建立健全重大行政决策目录化管理机制。从2014年起，苏州市政府每年通过各地、各部门申报决策建议，经市政府办公室会同市发改、监察、财政、法制、风险评估管理等部门联合审核，并征求分管领导意见后，拟定年度重大行政决策目录建议，经市长签发后向社会公布。在总结实践经验基础上，2016年，苏州市出台了《苏州市重大行政决策目录管理办法（暂行）》，固化重大行政决策管理部门联动机制，明确了决策事项纳入目录管理的认定标准，进一步细化了目录管理的运作程序，并确立了决策目录动态维护机制，将决策目录化管理纳入规范化轨道。同时，每年重大行政决策目录及项目通过报纸、媒体、门户网站等形式公开，扩大公众参与。苏州在政府门户网站开设专题网页发布重大行政决策信息（包括决策事项、是否听证、决策进度等），在线征集社会公众的建议和意见，方便社会公众进行重大行政决策的信息查询、互动反馈。

二是建立重大行政决策网上运行管理机制。2013 年，苏州市在全国率先开发重大行政决策网上公开运行系统，系统分为"决策目录管理平台"、"决策论证平台"和"决策监督平台"三大子系统，对重大行政决策事项的提出、确定、调整、公布、论证、监督等工作环节进行节点管理、流程控制、规范运行，已逐步形成集重大行政决策目录管理、论证评估、监督控制、绩效考核为一体的综合管理平台，2015 年底实现市政府与部门两级重大行政决策网上运行全覆盖。2016 年，苏州市专门印发《苏州市重大行政决策网上运行系统建设指导规范》，指导全市推进重大行政决策信息化建设，张家港市、常熟市、太仓市、吴江区等地相继建设并运行各自决策网上运行系统。2017 年，苏州市以集约利用行政资源、强化决策项目统筹管理为宗旨，进一步将苏州市重大行政决策系统向昆山市、吴中区、相城区、姑苏区、工业园区、高新区政府（管委会）等地推广，实现了县级政府及所属乡镇（街道）、部门的重大行政决策项目的目录管理、法定环节规范运行、全程监督管理以及系统接口与整合等功能。目前，苏州在全国率先实现市县乡三级重大行政决策网上运行全覆盖。

三是健全重大行政决策规范化管理机制。重大行政决策目录化管理和网上运行工作推动了决策规范化、法治化进程，同时，相关配套机制的完善进一步保障了决策目录化管理和网上运行的顺利实施：1.强化重大行政决策标准化、体系化建设。规范重大行政决策事项提议（建议）、申报、审核、批准、调整、公布等流程，积极探索重大行政决策建议事项审核格式化管理工作。同时规范重大行政决策合法性审查法律意见书制度，强化审查文书规范化、格式化管理。推动各地政府法制机构强化对决策合法性审查的业务指导和相关监督管理工作。健全完善重大行政决策档案管理制度，结合网上运行工作，对决策立项和决策过程中形成的

（苏州市政府门户网站"中国苏州"上的"苏州市重大行政决策目录"专栏）

（"苏州市重大行政决策网上运行系统"运行界面）

法定程序证明材料及时整理归档，实现重大行政决策全过程记录。探索案例指导机制，2017年8月印发《苏州市重大行政决策程序案例汇编》，积极培育决策规范化建设示范项目，充分发挥典型事例的示范引领效果。

2.着力强化合法性审查工作，苏州市决策网上运行工作为合法性审查提供可靠的机制保证。法制审查以承办单位为主，承办单位法制机构从决策主体权限、程序、内容等方面进行合法性审查，并形成审查报告。在提交市政府讨论决定的决策草案时，承办单位要向市政府办公室报送决策草案和起草说明，并同时抄送市风险评估、政府法制、纪律监察等监督部门备案。监督部门对备案的决策草案有意见的，应当及时报市政府办公室，并抄送承办单位。3.推动决策监督和责任追究。为增强可操作性，保障实施，苏州市将决策规范化要求纳入政府年度绩效考核和依法行政考核，通过考核杠杆积极推动决策目录化管理和网上运行。并推动各地各部门认真组织做好重大行政决策后评估工作，同时进一步明确重大行政决策终身责任追究制及责任倒查制，保障决策规范化建设顺利实施。

二　发起的动因和背景

决策是一切行政权运行的起点，十九大报告明确要求，健全依法决策机制，构建决策科学、执行坚决、监督有力的权力运行机制。而决策规范化状况则是当前法治政府建设中的短板，强化重大行政决策规范化建设对于加快法治政府显得尤为重要。《中共中央关于全面推进依法治国若干重大问题的决定》提出，健全依法决策机制。把公众参与、专家论证、风险评估、合法性审查和集体讨论决定五大程序确定为重大行政决策法定程序，确保决策制度科学、程序正当、过程公开、责任明确。建立行政机关内部重大决策合法性审查机制，未经合法性审查或经审查不合法的，不得提交讨论。《法治政府建设实施纲要》要求，推进行政决策科学化、民主化、法治化，实现行政决策制度科学、程序正当、过程公开、责任明确，决策法定程序严格落实，决策质量显著提高，决策效率切实保证，违法决策、不当决策、拖延决策明显减少并得到及时纠正，行政决策公信力和执行力大幅提升。

规范重大行政决策行为也是提高决策效率、降低决策风险、保证决策质量的需要。建立健全决策程序，明确决策程序中相关单位和人员的职责、工作方式和要求，从而形成有序、良性的决策工作方式，这不仅不会降低决策效率，反而能够有效提高决策质量和效率。决策程序对决策的民主性、科学性要求，从一个侧面似乎增加了决策成本，影响了决策效率。但从长远来看，经过相关程序的决策，由于充分听取了决策相关各方的意见和建议，充分表达了利益需求，协调了利益关系，作出的决策质量更高，公众对决策事项的理解支持度更高，决策事项实施的直接相对人可接受度更高，从根本上保证了决策的可操作性、可执行性，从源头上提升了政府决策执行力和公信力，也保障了行政效率。

从 2004 年以来，苏州市政府为推进科学决策、民主决策和依法决策，大力推进重大行政决策的程序化、规范化建设，先后三次修订《苏州市人民政府工作规则》，明确行政决策权限以及内部审议规则。2010 年制定《苏州市人民政府重大行政决策程序规定》，明确建立公众参与、专家论证、合法性审查和集体讨论决定相结合的行政决策程序。为进一步健全完善重大行政决策程序，提升效力层级，2013 年 10 月 25 日，经苏州政府常务会议和市委第 67 次常委会讨论通过，《苏州市重大行政决策程序规定》（以下简称《规定》）以市政府规章的形式颁布。新的《规定》对重大行政决策的范围界定、管理机制、管理措施、决策程序和相关要求等内容进行了具体明确，并提出"建立重大行政决策网上公开运行系统"、"重大行政决策实行目录管理"等要求，着力推进决策公正，提高决策效率，苏州市重大行政决策规范化建设进入新的发展阶段。

三　对推进法治政府建设的意义

推进重大行政决策法治化工作中，"如何确定重大行政决策范围"和"如何确保重大行政决策依法规范运行"是基础和核心问题。

重大行政决策系统化的目录管理是苏州市规范重大行政决策程序、推进法治政府建设的一次重要探索。确定重大行政决策范围是重大行政决策程序运行的前提，由于"重大行政决策"中的"重大"本身是一个抽象性、模糊性用语。近年来，在推进重大决策工作中发现，某一事项是否属于市政府重大决策事项是难点焦点问题，很多具体行政决策事项很难与法定列举的情形相对应。目前，各地立法文本大都通过"概括＋列举＋排除"的立法模式，但这并不能穷尽所有重大行政决策的事项。另外通过金额、事项等方式来界定何为"重大"也不可取，且可操作性也不强，对于具体项目的定量界定，在全国各地均无规定。考虑到行政决策的事项和范围的繁多和庞大，且具体的数量标准在不同阶段和不同类型事项上表现也不相同，因此，在定性的基础上，在行政决策主体内部建立审核机制进行是否属于"重大的情形"进行判断，在现实中是较为可行的做法。苏州市未对重大行政决策事项范围进行列举，而是通过制定目录对政府重大行政决策事项进行管理。凡是列入决策事项目录的，都要按照本《规定》的程序进行。此举确立了苏州市重大行政决策立项管理机制，重大行政决策事项目录通过行政机关内部的层级管理、分权制衡、民主协商等程序得以形成。通过健全完善重大行政决策立项管理程序，有助于缓解"重大行政决策"本身作为不确定法律概念在实体法界定上的先天不足。同时，对重大决策事项实行目录管理，通过决策机关预先确定年度重大行政决策事项，既可以促进决策机关做好决策计划，也可以增强各级领导对决策的责任意识和风险意识，促进重大行政决策制度的逐步落实。

探索重大行政决策网上公开运行系统，是根据苏州市当前行政权力网上公开透明运行工作实践作出的创新性制度规定。近几年来，全国很多地方都在积极推进行政权力网上公开透明运行。行政决策是行政权力的一个重要组成部分，随着网上公开运行的深入开展，行政决策的网上公开运行是必然趋势。构建决策网上公开运行系统，有利于市领导及时了解决策事项的起草、执行情况；有利于相关部门提前参与，加强指导和服务，提高效率；有利于有关部门加强对决策事项的督查落实；有利于公众、专家参与，增强决策的透明度和公众参与度。

总之，重大行政决策事项目录管理致力于解决实践中决策主体试图以"重大"、"决策"等规范的模糊性，规避、架空程序制约的问题，从源头上将决策权关进制度的牢笼。而重大行政决策网上运行工作则是运用计算机程序设定的"非人格化"流程来倒逼重大行政决策事项依照法定程序规范运行；同时借助网络技术实现信息适时传输、共享，避免传统决策过程中频繁的公文流转，提高决策效率；更重要的是网上运行全过程记录，实现决策过程风险分担、责任可溯，有效地保障了决策程序本身所秉持追求的风险防范的核心价值。

四　成效

（一）决策的法治意识显著增强

通过重大行政目录化管理，实现决策风险关口前移，形成决策对象的相对共识，重大行政决策范围的争议得到化解。同时，通过决策层级管理、民主会商、征求意见以及行政首长签发等目录化管理机制，行政首长的决策风险、责任得以分解和分担。目录管理掌握决策入口关，避免重大行政决策范围泛化导致可能的行政成本增加，同时决策目录的动态性管理也适应了日常行政管理变动性、灵活性要求。目前苏州市、县、镇三级全部实行重大行政决策目录化管理。截止到 2018 年 6 月底，市县两级共收到各级重大行政决策建议事项 2081 个，其中 65 项列入市政府决策目录，127 项列入市级部门决策目录，217 项列入县市区决策目录。

（二）重大决策程序实施规范有序

重大行政决策网上运行实现决策法定程序与实践经验的标准化和体系化，决策实施人员按图索骥，避免了决策过程的盲目草率和朝令夕改。同时，重大行政决策往往涉及诸多部门和环节，计算机程序便捷操作避免了"文来会往"的传统操作，提高了决策效率。重大行政决策网上运行工作推动各级政府与部门领导对决策程序的重视，重大行政决策的程序意识日益增强，各地各部门在决策过程中，充分运用法律、法规调整和规范决策，自觉遵守决策程序，减少决策主体的盲目性和主观随意性，决策质量和效率显著提升。截至2018年6月底，全市累计已有367项重大行政决策事项实现网上公开透明运行，占备案事项总数的81.3%。保障了重大行政决策权力规范、公开、透明、高效运行，确保大市范围内决策制度科学、程序正当、过程公开、责任明确，为经济社会全面发展提供法治保障。

苏州市就相关重大行政决策事项开展问卷调查

（三）科学民主决策的效应逐渐显现

重大行政目录化管理和网上运行工作推动重大行政决策法定程序的贯彻落实，决策规范化管理成为苏州市各地政府及部门领导普遍共识，各地都将重大行政规范管理情况写入政府工作报告和年度法治政府建设报告。同时苏州重大行政决策规范管理经验得到省政府的关注，2016 年 3 月，苏州市被江苏省政府确定为全省第一批重大行政决策规范化建设试点工作市，2017 年苏州市重大行政决策规范化管理经验在全省推广。苏州市同时积极培育决策规范化建设的典型示范，各级各部门在健全、完善重大决策运作机制上也不断探索，特别是在促进决策程序的科学化和民主化方面实现了若干创新和突破，例如张家港积极探索将协商民主引入重大行政决策过程，"社区协商—基层治理法治化的新探索"项目荣获第四届"中国法治政府奖"。苏州市重大行政决策规范化建设成果被《人民日报》、《法制日报》、《文汇报》以及人民网、新华网、凤凰网、新浪网等主流媒体广泛报道。

苏州市就园林门票价格调整召开听证会

五　已经取得的荣誉

2014 年 12 月，苏州市重大行政决策目录管理与网上运行工作获江

苏省政府法制创新奖;

2015年12月,苏州市重大行政决策目录管理与网上运行工作获第八届"中国地方政府创新优秀实践奖";

2016年1月,荣获"十二五"时期苏州市法治政府建设"十大法治事件";

2016年12月,重大行政决策目录管理与网上运行项目获苏州市中心城市创新奖;

2018年1月,苏州市推行重大行政决策"目录管理与网上运行"项目获2017—2018年度江苏省依法行政示范项目。

《法制日报》报道苏州市重大行政决策规范化管理经验

打造多规合一厦门样本
深化审批制度改革创新

厦门市规划委员会、厦门市法制局

一　动因和背景

（一）改革发展的需要

随着我国改革开放的不断深入，城乡发展和建设中积累的一些问题日益凸显，有些已经严重制约经济社会的发展：一是空间规划相互冲突，生态用地缺乏协调统一，难以实现有效保护。二是规划管理相互交叉，缺乏可以全覆盖的统一的空间规划管理体系。三是审批效率低下，不同部门审批互为前置，程序烦琐，效率低下。四是规划的相互矛盾且公众知情度、参与度不高容易引发社会不满情绪等。

（二）贯彻"依法行政、推动政府职能转型"的要求

《国家新型城镇化规划》中明确指出城市规划要由扩张性规划逐步转向限定城市边界，推动有条件地区的经济社会发展规划、城市规划、土地利用规划等多规合一。多规合一也是当前中央全面深化改革的一项重要任务。习近平总书记在 2013 年 12 月召开的中央城镇化工作会议上强调"要建立一个统一的空间规划体系，限定城市发展边界，划定城市生态红线，一张蓝图干到底"；2014 年 12 月的中央经济工作会议提出"推进城镇化

健康发展是优化经济发展空间格局的重要内容，要有历史耐心，不要急于求成。要加快规划体制改革，健全空间规划体系，积极推进市县多规合一"。

响应中央的战略部署，推进城市职能转型，2014年起厦门市委、市政府大力开展多规合一工作，将多规合一作为提高城市治理体系和治理能力现代化的重要抓手，力求利用信息化手段，构建统一的空间规划体系、实现城乡统筹发展，提升审批效能、推动政府职能转型。

在多规合一管理中，国家和福建省都尚未出台过相应的法律法规，根据党的十八届四中全会关于"依法行政，建设法治政府"的要求，迫切需要开展多规合一立法工作，解决空间法定规划的制定缺少协调机制和空间战略规划法律地位问题。同时，通过充分发挥特区立法的变通权，将试点工作中的改革创新经验和成果通过立法的形式加以固化和提升，以加强多规合一的有效管理、强化政府行政的法制建设。

二 对实现法治政府建设目标的意义

多规合一不仅仅是做一个规划，不是简单地、机械地把各类规划叠加整合集成在一张图上，而是一项城市治理体系和治理能力现代化的重大探索，通过立法明确空间规划编制管理体系，解决规划打架、部门协调的难题，是在思想观念、发展方式、转变政府职能等方面实施综合性、引领性的改革，对法治政府建设意义重大。

1.有利于依法全面履行政府职能。党的十八大以来，在国家"五位一体"的总体布局、"一张蓝图干到底"的指导思想以及"推进国家治理体系和治理能力现代化"的战略部署的要求下，城乡建设规划领域，多规合一推动政府职能转型，促进全面依法履行政府职能。通过多规合一立法，利用信息化手段建立项目审批信息管理平台，加强审批流程的有效管理，提升审批效能，推动政府职能从管理型向服务型转变。

2. 有利于健全完善依法行政制度体系。在多规合一管理中，国家和福建省都尚未出台过相应的法律法规。厦门市通过立法引领多规合一工作，加强多规合一的有效管理、做到改革依法有据，形成了深化改革的顶层设计。通过多领域、多层次的空间治理体系顶层设计，统一愿景、统一思想、达成共识，形成了全新的城市空间规划体系和工程建设项目审批管理框架。

3. 有利于推进政府治理能力、治理体系现代化。通过审批流程的再造，塑造了信息化、数字化、智能化的服务型政府，减少了人为审批环节，促进政府部门形成高效透明的公共审批管理流程，降低了腐败风险，促进政府治理能力与治理体系现代化。

4. 有利于公众参与监督，强化对行政权力的制约和监督。通过打破部门藩篱，实行并联审批；"减、放、并、转、调"，精简优化审批环节，实行并联审批；创新审批机制，简化审批手续方式等再造审批流程，强化对权力的监督与制约，改变传统模式下公众参与及监督难题。同时，通过改革，促进投资建设项目结构不断优化，投资环境不断改善，企业满意度和认同感不断加强。

三 主要内容

厦门市以习近平同志新时代中国特色社会主义思想为指导，把持续推进多规合一改革作为重要抓手，加快政府职能转变，实施简政放权，推进政府治理体系和治理能力现代化，打造国际一流营商环境，提升城市核心竞争力，已经发展成一座高素质的创新创业之城和高颜值的生态花园之城。

（一）制定统筹引领的"一个战略"，形成凝聚共识的顶层设计

以理念创新引领多规合一，制定对城市经济、社会、环境等各方面

发展具有全局性、长期性、决定性指导的城市发展战略。

厦门以"尊重自然、顺应自然、天人合一"科学的理念，运用田园城市理论等科学的方法，经多部门协调、专家把脉、全民参与，最终以市人大表决的形式形成了《美丽厦门战略规划》，期间先后召开5次市委专题会、21次专题会议研究、刊印了近70万册的入户手册、收集意见建议32000余条，是通过科学的、民主的、法制化的决策过程取得了全市共识的具有法律效力的纲领性规划。

规划提出了两个百年愿景、五个城市定位、三大发展战略、十大行动计划和共同缔造路径，按照"五位一体"的总体要求，融合了政治、经济、社会、文化、生态等各方面的内容，凝聚了厦门各界的共识，真正成为能够切实引领厦门城市发展的规划，作为城市发展的顶层设计，为处理各类空间规划矛盾冲突奠定了基础。

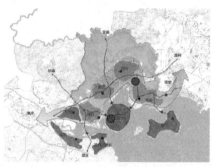

图1　十大山海通廊生态格局　　图2　"一岛一带多中心"城市格局

（二）绘制"一张蓝图"，统筹城乡空间的规划秩序

厦门按照"一张蓝图绘到底"的要求，构建多规合——张图，按照"图图叠合、指标统合、政策结合"的原则，统筹"发改目标、用地指标、规划坐标"，对全市规划、国土、发改、环保、水利、林业等几个主要部门空间性规划进行了梳理，衔接基础数据、用地分类标准和用地边界，统一各类图纸坐标系，消除差异图斑，解决部门规划"打架"问题，统筹协

调各部门规划矛盾。划定了控制线体系、明确了保护与开发的边界,处理了数十万块的差异图斑块,在 1699 平方公里的市域范围内划定了各部门共同遵循的 640 平方公里的城市开发边界与 980 平方公里的生态控制线。

在此基础上,进一步梳理了以往编制过的市、区共 100 余项部门规划,整合并形成了全市 39 类专项规划,统筹市政、交通、文化、体育、教育、养老等设施用地,深化梳理各控制线内部用地空间,面向规划审批管理,明晰部门事权,形成以生态为本底、以承载力为支撑,以"生态控制线"、"城市开发边界"、"海域系统"、"全域城市承载力"四大领域为基准,以各部门专项规划为落实的全域空间"一张蓝图",统筹全市涉及空间的规划。

今后,仍将不断完善"一张蓝图",深入推进规划"上天入地",不断补充完善城市设计、地下空间和市政管线等内容,从二维到三维,构建起"三维空间一张蓝图"。

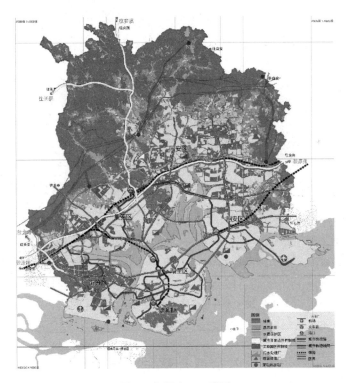

图 3 多规合一一张图

（三）搭建"一个平台"，实现信息共享的业务协同

以"一张蓝图"为基础，厦门依托市政务网络和服务总线，在全国率先构建起了一个涵盖所有项目审批部门的多规合一平台。实现市、区各部门信息系统的互通互联，各部门业务的协同办理；实现城市信息共享、空间决策共商、空间服务共管。

信息共享：平台汇集各部门11大类53个专题162个图层的空间现状和规划数据，实现接入平台的288个部门信息共享、空间共维。决策共商：平台支持多部门在线上交互意见、反馈信息、协同作业，有效支持规划实施和项目策划生成，解决了以往建设项目生成存在多头管理、多环节、低效率的问题。服务共管：在平台策划了医疗、商业等十大招商板块，为招商部门提供信息支持、决策咨询，并主动向社会公众和投资主体推介招商信息，将"以商选地"变为"以地选商"，实现智慧招商。此外，平台提供规划公开公示、在线互动、意见交流和政策问答等规划服务，建立政府和公众"双向"沟通的渠道，实现"共享共治、互联众规"。

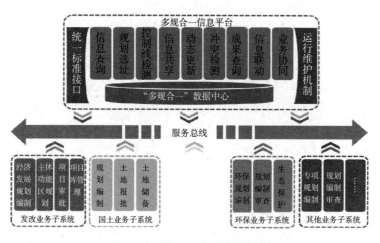

图4　多规合一平台构架示意图

（四）实施"一张表单"，推进建设项目审批的改革转型

实施"一张表单"审批，推进审批制度改革。依托"多规合一"平

台实现从项目生成策划到竣工验收全流程再造。

在进入审批阶段以前的项目生成阶段，建立以发改、规划、国土等多部门协同的工作机制，优化规划实施的运行环境，统筹需求、空间、能力等要素，创新规划编制体系、内容及方法，提前明确项目的投资、预选址、用地指标等建设条件，推进策划生成的项目可决策、可落地、可实施，充分落实城市空间发展意图，为项目的后续审批提速创造条件。在审批阶段按照审批事项划分为立项用地规划许可、工程建设许可、施工许可、竣工验收等四个阶段，每个阶段实行"统一收件、同时受理、并联审批、同步出件"的运行模式，按照这种模式，建设单位可以实现"一份办事指南，一张申请表单，一套申报材料"，完成多项审批。通过调整审批办理阶段、合并部分审批环节、简化部分审批手续、实行跨部门联合评审等措施，再造审批流程，大幅提高审批效能。

2017年进一步在自贸试验区探索告知承诺制等制度创新，并在全市复制推广；2018年成为住建部建设项目审批制度改革试点城市，厦门按照改革精神进一步对审批环节与审批事项进行"减、放、并、转、调"，创新快速审批、完善监督管理等机制。

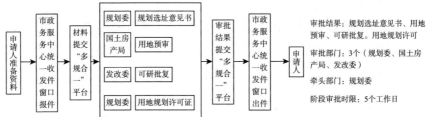

图5 "多规合一"建设项目审批办事大厅及审批办理流程示意图

（五）创新"一套机制"，提供改革的法律保障

通过制定 2 部特区法规，52 件政府规章和政府文件，169 件部门配套规则、方案，完善多规合一法制体系。

1. 特区立法。出台全国首部多规合一立法，《厦门经济特区多规合一管理若干规定》，构建多规合一制度体系，包括明确多规合一的管理体制，界定空间战略规划的定位，提出建设项目生成机制与审批流程再造，明确审批的监督与责任，为改革提供制度保障；出台《厦门经济特区生态文明建设条例》，将多规合一划定的生态控制线纳入特区立法，规范和强化规划的严肃性和权威性。

2. 政府规章和政府文件。分别建立部门业务联动制度、优化建设项目审批制度、监控考核制度和平台动态更新维护制度等。包括《建设项目生成管理办法》、《建设项目审批流程改革的实施意见》、《建设项目联合竣工验收工作方案（试行）》、《规划实施过程事中事后监管办法》、《多规合一业务协同平台运行规则》等文件，保障多规合一改革后的新流程每一个步骤都有章可循。

3. 部门配套规则、方案。各相关部门从简政放权、强化事中事后监管、加强中介监督管理等方面公布了改革配套文件，从制度层面确保"一张蓝图干到底"。

四　实施成效

（一）依法行政制度体系进一步完善，营商环境竞争力大幅提升

厦门把实施多规合一改革与贯彻依法治国方略相结合，以构建国际一流营商环境为目标，开展一系列立法立规工作，制定了《厦门市多规合一管理若干规定》、《厦门市经济特区生态文明建设条例》等特区立法，制定《厦门市生态控制线管理实施细则》等政府规章，使多规合一的实

施于法有据。同时，建立了部门协调运行机制和监控考核、动态更新维护等制度，使多规合一的实施有章可循。

此次改革，厦门已梳理上报拟提请国家有权机关进行修订或允许暂停实施的具体条款达18项，通过地方实践为国家法规、制度改革创新提供了先行经验。

通过多规合一等系列改革，厦门营商环境竞争力得到大幅提升。根据第三方机构评估，厦门营商环境竞争力从2014年全球经济体第61位提高到2017年的第38位。中国社科院与社科文献出版社联合发布的《中国法治发展报告（法治蓝皮书）2017》中，基于49个较大的市政府和100个县级政府的评比，厦门政府透明度指数位列全国第一。

（二）重构空间规划体系，空间资源配置进一步优化

按照立法要求，厦门在城市层面通过多规合一工作，向上承接各部门的上位规划，向下统筹各专项规划，解决规划冲突，形成"一个市县、一本规划、一口进出"的法定空间规划体系。一是形成了深化改革的顶层设计。多规合一通过多领域、多层次的空间治理体系顶层设计的改革，统一愿景、统一思想、达成共识，形成了城市空间规划体系，推动城市治理体系和治理能力的创新。二是奠定了城乡统筹发展的重要基础。通过多规合一工作，厦门摸清了城乡资源、环境、空间条件等，创新性地提出生态控制线，划出640平方公里的城市开发边界，明确了城市绿道、农田、水系、湿地、山体、林地边界坐标，让群众看得见、摸得着，便于监督，使生态保护区域牢牢固定在实地"一张图"上。这一规划体系明确了发展底线，解决了生态文明建设落地问题，避免城市"摊大饼"式扩张，奠定了集约节约发展的基础。

（三）完善规划实施，项目落地显著提速

厦门通过立法明确了全域统一的一张蓝图，进而搭建了"战略规划—

五年规划—年度规划"的规划实施体系，推动了一张蓝图实施项目加快落地。五年规划强化了五年阶段空间资源的规划安排及空间落实，年度规划统筹协调各个部门落实了年度建设项目的空间安排与实施时序，项目生成进一步统筹需求、空间、能力等要素，提前明确项目的投资、预选址、用地指标等建设条件，促使项目可决策、可落地、可实施。策划成熟的项目在平台上形成项目库，成为项目储备、查询及后续审批的依据，实现与审批环节的无缝衔接，为项目的后续审批提速创造条件。通过规划实施机制与项目生成机制的建立，强化了规划引领城市发展的统筹能力，强化了政府的空间统筹能力，通过有序的空间规划引领社会的有序发展，促进城市管理方式从"项目主导建设"转为"规划引领发展"的发展方式转变。自 2016 年项目策划生成工作机制运行以来，已储备划拨用地项目 1287 项，策划成熟 1026 项；自 2015 年工程建设项目审批流程改革实施以来，已有 3855 个项目以并联方式完成审批，从策划到落地明显提速。

（四）优化审批流程，群众获得感提升

厦门紧紧扭住转变政府职能这个"牛鼻子"，进一步厘清政府和市场的关系，提高审批效率、加快开工建设速度，提高群众对改革的获得感。

1. 优化审批流程，审批时间大幅缩短。立项到竣工验收并联阶段总审批时限仅 40 个工作日。各阶段审批服务事项并联办理，打破了部门间互为前置、相互制约现象，实现审批流程更加科学、合理。在改造前，建设单位从申请项目建议书到取得用地规划许可，需涉及 7 个部门、9 个审批环节、需提供 25 项资料，累计需要 53 个工作日；改造后，建设单位只需要对应 1 个部门、1 份申请表、提供 6 项资料，仅需 10 个工作日。

2. 转变审批理念，受理部门"一站式"。从"1 对 N"、被动审批、你报我批、各自为政到"1 对 1"、主动推送、政府跑腿、联动协同的审批理念的转变，申请人只需将受理材料提交到市政务中心窗口，由窗口负

责将材料提交到多规合一业务协同平台，各部门在平台上接收申请材料，实时联动审批，审批后由窗口将审批结果送达申请人。

3. 简化报审模式，审批材料大大减少。梳理并消减了各审批部门重复和不必要的申报材料，项目从立项到竣工验收所需的申请材料由373项减少至76项，基本实现"一份办事指南、一张申请表单、一套申报材料"完成审批。建设项目审批由多环节多层次转变为扁平化高效率，充分体现了高效、实干、利民，有力推动管理型政府向服务性政府转变，真正实现以人为本。

五　获得的荣誉

厦门"多规合一"试点改革，先行先试、创新敢为，统筹规划、依法行政，探索出了一套切实可行的实践经验，为更多城市探寻城市治理和现代化转型提供有益借鉴，得到了中央、福建省以及其他城市的认可。

2014年12月，在杭州全国建设工作会议上，国务院领导提出推广厦门多规合一经验。2015年4月，住建部在厦门召开市县多规合一试点工作现场会，住建部领导指出厦门多规合一工作是"可复制、可推广"的。迄今，厦门市接待来自全国各地市单位关于多规合一的学习考察的团队近1000批次。

2016年9月，福建省委省政府在《关于进一步加强城市规划建设管理工作的实施意见》中提出"厦门经验"在全省推广。2017年9月，住建部在厦门举办多规合一信息平台建设专题培训班，对厦门多规合一工作路径及平台搭建经验给予了高度肯定，称厦门的经验可以为全国其他城市提供示范。

2018年6月，韩正副总理在厦门召开建设项目审批制度改革试点工作座谈会，对厦门市的多规合一改革经验予以了充分肯定，认为厦门的做法是成功的，形成了一整套完整的体系和制度，要推广和复制"厦门经验"。2018 年 8 月，国务院办公厅发布《关于部分地方优化营商环境典型做法的通报》，厦门"多规合一"和完善工程建设项目审批体系改革、并联审批和"多图联审"等两项内容被列为全国样板。同月，自然资源部主管的《中国土地》2018 年第 8 期刊发了《构建现代化的城市空间治理体系——福建厦门"多规合一"实践效应探析》专题文章。2018 年 9 月 3 日，《中国自然资源报》整版报道了厦门"多规合一"实践——《"合"出一片新天地——聚焦厦门以"多规合一"提升城市空间治理效能》。

深圳市大鹏新区生态文明建设
全链条法治化改革

深圳市大鹏新区管理委员会

习近平总书记指出，只有实行最严格的制度、最严密的法治，才能为生态文明建设提供可靠保障；生态环境保护不仅是经济发展问题，更是一种政治问题、社会问题，长期以来我国经济发展对生态环境造成了严重影响，生态环境保护任重而道远。党的十九大强调，要加快生态文明体制改革，着力解决突出环境问题，加大生态系统保护力度，改革生态环境监管体制。深圳市大鹏新区坚持"改革法治化、制度系统化、主体多元化"的基本思路，从规划立法、系统治理、综合执法、生态问责、多元参与等五方面推进生态文明建设全链条法治化改革，实现了"十个率先"，推动生态文明建设全链条法治化改革。

山海筑梦　美丽大鹏（深圳市大鹏新区海景图）

（一）主要内容

1. 大鹏新区生态文明建设全链条法治化改革的基本思路

大鹏新区自 2011 年 12 月成立以来，把生态文明建设作为立区之本，坚持以"改革法治化、制度系统化、主体多元化"的基本思路推进生态文明建设全链条改革。

（1）坚持生态文明建设改革法治化。全面依法治国是国家治理的一场深刻革命，必须坚持厉行法治。大鹏新区生态文明建设全链条法治化改革，坚持改革于法有据，同时科学合理地配置政府生态环境保护职能，严格生态环境综合执法主体和执法程序，强化对领导干部生态环境保护问责考核，把生态文明建设全过程纳入法治的轨道，实现"以最严格的制度，最严密的法治"保护生态环境。

（2）坚持生态文明建设制度系统化。生态文明建设全链条法治化改革是一个十分复杂的系统工程，牵涉到政治、经济、生态等多个方面，大鹏新区始终坚持系统化思维，从源头预防、动态监管、多元参与、有效执行、综合评价、严格问责等多个方面，将生态文明建设各项制度全部纳入生态环境治理体系中，各项制度相互配合、相互促进，形成了一个较为完整的生态文明建设治理体系。

（3）坚持生态文明建设主体多元化。生态文明建设全链条法治化改革不仅需要"于法有据"、"综合治理"，还需要"多方参与"。党的十九大指出，加强社会治理制度建设，要完善党委领导、政府负责、社会协同、公众参与、法治保障的社会治理体制。生态文明建设任务艰巨，不能依赖于政府独自完成，应充分挖掘社会本身所具有的治理能力，鼓励社会多方主体积极参与生态文明建设，让共建、共治、共享的治理理念深入人心。

2. 大鹏新区生态文明建设全链条法治化改革主要制度

大鹏新区生态文明建设全链条法治化改革制度建设主要包括规划立法、系统治理、综合执法、生态问责、多元参与等五大方面，具体表现为"十个率先"。

（1）规划立法

生态文明建设是一项长期工程，需要进行整体布局、长期规划。编制生态文明建设总体规划方案，给大鹏新区生态文明建设全链条法治化改革搭建了整体性制度框架，为《深圳经济特区大鹏新区条例》的颁布制定奠定了基础，有效保障了大鹏新区生态文明建设全链条改革始终处于法治轨道。

大鹏新区领导班子召开生态文明体制改革工作推进会

一是率先编制生态文明体制改革总体方案。大鹏新区在全国率先成立生态文明体制改革办公室，引入国务院发展研究中心、中国环境科学院等国内高端、权威智库机构，指导新区编制实施《大鹏半岛生态文明体制改革总体方案（2015–2020）》，成为深圳首个以市委市政府名义印发实施的区级改革方案。该总体方案包括六大方面，共47项改革措施，其中16项属于全国先行先试，如：编制自然资源资产负债表、领导干部离任生态审计制度、生态环保监管执法体制、设立生态文明建设公益基金等。总体方案确立了大鹏新区生态文明建设全链条法治化改革的整体制度设计，为开展生态文明建设提供了制度依据。

二是率先推动生态法治特色条例制定。习近平总书记提出，"凡属重大改革都要于法有据。在整个改革过程中，要高度重视运用法治思维和法治方式，加强对相关立法工作的协调。"在已经编制生态文明建设总体框架前提下，大鹏新区正在努力推动具有生态法治特色的《深圳经济特区大鹏新区条例》制定，该条例将进一步从立法层面确认大鹏新区在生态文明建设改革过程中各项制度，为大鹏新区未来生态文明建设改革提供坚实可靠的法治保障。目前该条例已经纳入深圳经济特区立法计划。

（2）系统治理

系统化治理是大鹏新区生态文明建设的一个基本思路，大鹏新区先后建立了综合评价指标体系、动态监测系统、编制生态资源负债表等多项制度，为全面提升生态环境治理能力提供了基础性制度支撑。

一是率先构建首个湾区生态文明综合评价指标体系。大鹏新区在全国率先建立了首个湾区生态文明综合评价指标体系，通过对比参照国内外生态文明先进的理论研究成果，筛选出七大类共计 42 项指标，创新构建大鹏新区生态文明综合指数（DPI），从数字量化角度，准确评价大鹏新区环境治理状况，为科学衡量生态文明建设实效成果、依法作出生态文明建设重大决策等提供了更加科学的标准支撑。

二是率先建立生态环境保护动态监测制度。大鹏新区运用现代科技手段，建立了"水气声土林"全方位实时动态检测技术平台，为生态环境保护科学决策提供技术支撑，有效提升了政府行政决策的科学性、准确性、针对性、有效性。同时，新区将生态环境数据与综合执法、城管、城建、海洋、交警等部门共享，构建可视化、多维度的数据统一共享交换平台，为最严格的生态环境保护执法提供了技术支撑。

三是率先编制自然资源资产负债表。大鹏新区率先在全国建立自然生态资源资产管理制度，编制自然资源管理负债表，实现了抽象生态资源向具体数字化的转变，完成了林地、城市绿地、湿地、景观水、饮用水、近岸海域、沙滩、大气、珍稀濒危物种、古树名木等 10 大类自然资源数据统计，上线运行全国首个"自然资源资产数据库管理系统"。该制度为系统治理生态环境提供了体系化支撑，为建立生态保护责任审计、生态环境绩效评估、量化生态环境补偿机制等生态文明制度建设奠定了基础。

（3）综合执法

党和国家机构改革方案提出组建生态环境部，将分散的环境保护职能进行整合，以强化环境治理。大鹏新区前瞻性地组建生态环境保护综合性执法部门，形成了职能合理、协同高效、流程通畅的生态环境保护体制；同时大鹏新区强化了生态环境保护的专业性、技术性，在全国率先设立生态环境司法鉴定机构。

一是率先组建职能齐备的生态环境保护综合执法局。大鹏新区整合生态环保、水务、林业、规划土地、海洋渔业等领域执法资源，实现对"山水林田湖草"等的统一保护，构建了覆盖全面、边界清晰的海陆统筹监管体系，逐步建立起"海陆"一体化执法信息化体系以及全区综合执法监控体系，形成高效协同、精准治理的智慧大鹏运行指挥新模式，消除了传统生态保护政出多门、权责不明、推诿扯皮、分散执法等弊端。为保证执法体制改革的具体实施，大鹏新区配备专门的生态环境保护执法人员编制，打造了一支专业化、正规化的生态资源环境保护执法队伍；构建了"智能化、多元化、立体化"的智慧环保执法监管新模式，实现了生态环境监管向智慧、网格、合作模式的"三个转变"；建立完善了执法协同联动机制，以"集约化、扁平化、法治化"为改革指引，通过合理优化生态执法资源配置，实现了执法资源部门、上下、海陆监管执法的"三个联动"。

二是率先在全国建立环境司法鉴定机构。大鹏新区依托生态环境保护监测站现有资源，成立全国首批设立的深圳市大鹏环境损害司法鉴定所，无缝衔接生态环境损害现场和司法鉴定诉讼程序，破解环境损害诉讼中取证难、鉴定难、诉讼难等难题，为保护生态环境提供了坚实制度保证、人员保证、技术保证。

（4）生态问责

率先建立专门的生态环境考核问责制度。严格绩效管理和行政问责，是法治政府建设的题中之义。大鹏新区在生态环境保护生态问责方面专门制定了《大鹏新区生态文明建设考核制度（试行）》、《大鹏新区区管党政领导干部任期生态审计制度》及实施细则，建立了生态环境保护"一票否决制"，明确了自然资源资产管理部门领导的直接责任、主管责任和领导责任，逐步探索建立严格的生态环境损害责任终身追究制，促使绩效考核与行政问责走向法治化、规范化、科学化，对提升领导干部生态环境保护意识，强化生态文明建设责任发挥了重要作用，成为大鹏新区生态文明建设全链条法治化改革的关键一环。

（5）多元参与

生态文明建设是一个复杂的工程，需要不断创新生态环境保护治理模式。大鹏新区创造性地建立了一系列的多元参与制度，激活了社会自身治理生态环境的能力，取得了良好的社会效果和治理成绩。

一是率先建立生态货币补偿制度。大鹏新区创造性地建立了"货币化生态补偿机制"，出台《大鹏半岛生态保护专项补助考核和实施细则》等规范性文件，在补偿对象、补偿程序、补偿标准、信息公开、奖惩机制等多方面对生态补偿机制进行规范化、常态化、法治化建构，形成独具特色的公众直接参与生态文明建设新模式。

二是率先组织创建各类生态公益活动。大鹏新区率先创建生态文明建设公益基金，该基金是全国首家由政府委托、慈善机构受托的慈善信托，建立"政府支持＋社会参与＋专业运作"的生态文明建设创新机制，截至目前共筹集资金达 2000 多万元。除此之外，大鹏新区引入和培育各类社会公益组织，积极开展生态环境保护活动。如组建党员环保志愿者队伍 112 支，每年组织群众参与沙滩清理等环保公益活动 300 余场次，成功培育"潜爱大鹏"珊瑚保育活动品牌，来自世界各地的在册义工超千人。

奶嘴葵与小丑鱼的珊瑚图（王炳摄于大鹏新区东涌海域）

（二）发起的动因和背景

习近平总书记在全国生态环境保护大会上指出："用最严格制度最严密法治保护生态环境，加快制度创新，强化制度执行，让制度成为刚性的约束和不可触碰的高压线。"这是新时代推进生态文明建设的一项重要原则。利用制度保护生态环境，从法律法规、标准体系、体制机制以及重大制度安排入手进行总体部署，使生态文明建设进入法律化、制度化的轨道。党的十八大将生态文明建设纳入"五位一体"总体布局，十九大提出，建设生态文明是中华民族永续发展的千年大计。党中央国务院《关于加快推进生态文明建设的意见》将制度建设作为推进生态文明建设的重中之重。大鹏新区是深圳改革创新的产物，2014年被市委市政府确定为全市生态文明体制改革试验区，并成为国家环境保护部特批的全国生态文明建设试点地区。近年来，大鹏新区充分发挥功能新区的优势，依托良好的山海资源禀赋，勇担改革重任，坚持先行先试，积极探索区域生态文明建设新机制，担当深圳生态文明建设"开路先锋"，如率先编制生态文明体制改革总体方案、成立生态资源环境综合执法局、编制自然资源资产负债表、试行领导干部生态审计、创新实施生态补偿、成立生态文明体制改革办公室等。

（三）对实现法治政府建设目标的意义

大鹏新区生态文明制度建设对实现法治政府建设目标具有重要意义，主要表现在以下三个方面：

1. 真正实现了改革与法治的良性互动

生态文明建设必须依靠制度，依靠法治。大鹏新区在生态文明体制改革法治化过程中，制定出台了一系列法规和规范性文件，如：《大鹏半岛生态文明体制改革总体方案（2015-2020）》、《深圳市大鹏新区生态环境资源综合执法局主要职责内设机构和人员编制规定》、《大鹏新区区管党政领导干部任期生态审计制度》、《大鹏半岛生态文明建设公益基金管理办法》等，构建了大鹏新区生态文明建设总体法治体系框架，确立了生态文明建设全链条法治化的基本制度，使生态文明建设体制改革全过程始终处于法治化轨道，为我们开拓了一条全新生态文明建设全链条法治化改革路径，实现了以改革促法治、以法治保改革的良性互动。

2. 不断完善政府治理体系和治理能力现代化

生态文明建设是一个系统工程，大鹏新区牢牢地把握生态环境治理客观规律，通过运用法律手段、网络手段、统计分析、经济手段等多种方法、多种途径，从不同维度建构了一个具有规范性、科学性、实效性、系统性的生态环境治理体系，这种系统治理体系已在大鹏新区实践检验为切实可行。当下全国整体性生态文明制度尚未完全形成，各个地方生态环境保护体制改革参差不齐、差异巨大，大鹏新区探索的生态环境治理体系，对其他地方探索生态文明体制改革具有借鉴意义。

3. 提高社会治理多元化法治化水平

大鹏新区充分挖掘社会本身治理能力，创造性地建立了一系列社会治理机制，如建立"货币化生态补偿机制"，将行政奖励柔性活动方式与社会公众参与相结合；创设生态环境保护公益基金，建立"政府支持＋社会参与＋专业运作"的生态文明建设新机制；创设公益环保活动，广泛吸收社会志愿者参与生态环境保护等。大鹏新区能建成共建共治共享的生态保护社会治理格局，关键在于能够调动起社会本身所具有的治理能力，激发各类社会群体生态环境保护意识，不断创新生态环境治理途径。

（四）受益者及其受益的情况

大鹏新区在生态文明建设全链条法治化改革方面成绩斐然，尤其在生态文明制度建设、生态环境保护、绿色经济发展、人民幸福生活等诸多方面得到了明显提升。

1. 在生态文明建设制度层面上，大鹏新区建立起了一整套科学规范、系统综合、执行有效的生态环境保护制度，形成了社会共建共享共治的生态环境保护治理格局。

2. 在生态环境保护方面，大鹏新区各项生态环境指标明显改善，空气质量优良率98.6%，主要河流和饮用水源水质达标率均为100%，污水收集处理率从建区时不足10%提升至97.1%，生态环境状况指数（EI指数）连续三年在全省127个县级评价单元中名列第一。

3. 在推动经济绿色发展方面，得益于大鹏整个生态环境的不断改善，大鹏新区战略性新兴产业增加值占GDP比重由45.8%提高到69.2%，绿色经济产业发展潜力巨大，目前大鹏新区年接待游客突破1千万人次，旅游业年收入超过50亿元。

4. 在人民幸福生活方面，大鹏新区的社区环境居民满意率由原来的69%提升至当前的95%，人民对于美好生活向往的获得感、幸福感明显增强，更多社会公众积极主动地参与生态环境保护，人民群众切实地感受了"绿水青山就是金山银山"，建设和谐、美丽、幸福大鹏，触手可及。

深圳市大鹏新区绿色产业：国家基因库（全球最大的基因库）

（五）相关荣誉

1. 获得国家生态文明建设示范区称号。因制度建设成效突出，大鹏新区先后被评为全国生态文明建设试点、国家生态文明先行示范区、国家级海洋生态文明建设示范区和国家级旅游业改革创新先行区。

2. 获得党和国家领导人批示肯定。大鹏新区创新实施生态补偿的做法及启示，2016 年获时任中央政治局常委、国务院副总理张高丽等领导批示。在全国首届湾区城市生态文明大鹏策会上，十一届全国政协副主席陈宗兴、原环保部部长陈吉宁在讲话中肯定大鹏新区在生态环境保护和生态文明绩效考评等制度建设方面探索了创新做法和实践经验。

3. 相关经验做法在全国全省推广。2018 年 2 月 8 日，中央全面深化改革领导小组办公室编发的《改革情况交流》第 8 期刊登的《深圳市生态文明体制改革经验做法》中多处明确提到大鹏新区生态文明体制改革的经验和探索。相关材料获得广东省委李希书记、江凌秘书长的批示，要求在全省复制推广。国务院发展研究中心权威专家多次在学术文章中将大鹏新区作为典型案例。北京、上海、福建、江苏等地区考察学习大鹏新区在生态文明体制机制改革方面的经验做法。

2017年6月文化部部长雒树刚一行到大鹏新区指导调研

4.其他相关荣誉。2015年,大鹏新区生态文明体制改革获评"粤治——治理现代化"广东政府治理创新十佳优秀案例。大鹏新区生态文明建设全链条法治化改革成果还得到了中国环境科学院、中国环境报、亚太日报和新华社《内参选编》(第16期)的高度评价。

依法系统治理"奇葩证明"
构建法治化便利化办事环境

成都市人民政府法制办公室

未满周岁孩子要开"无犯罪记录证明",九旬老人参加社保年审为证明"我还活着"被抬上三楼,大学生应聘有毕业证还要开学历证明,车辆理赔要开"风力证明",银行兑换残币要开"非人为故意损毁证明"等情况,不一而足。面对这些证明,群众反响强烈,基层不堪重负,成都市政府高度重视,坚持综合施策、多措并举,依法削减证明事项,村(社区)证明由313项缩减至15项,行政机关证明由8031项缩减至12项,统一制定证明模板和办事指南,为基层减负,为群众服务,以治理"奇葩证明""点上出彩",推动法治政府建设"面上开花",构建法治化便利化办事环境。

2017年4月16日,李克强总理在国务院办公厅秘书一局《专报信息》(第454期)"四川成都市砍掉298项证明基层证明事项简化保留不足5%"上批示:"在砍掉各类不必要的证明、为企业和群众减负方面,各地都要有这样的决心和魄力。请职能转变协调办进一步加强指导,好的做法可及时推开"。此项工作还进入了国家"砥砺奋进的五年"大型成就展。

一　动因背景

(一)群众反响强烈。五花八门的荒唐证明让人"跑断了腿"、"磨破了嘴", 名目繁多的证明材料让企业"卡壳停摆"、"负重难行", 明明可以让数据跑路的事情, 却让办事群众劳苦奔波, 增加了公民义务, 给百姓添了堵, 让群众伤了心。据调查, 我国普通公民一生最多可能要办400个证件（证明）, 超过八成受访者表示曾遭遇办事难, 凸显了"人在证途"的辛酸与无奈。"奇葩证明"成了群众吐槽的热门话题,"证明多、资料繁"成为企业群众办事的一大痛点。

（二）基层不堪重负。清理证明前, 一个社区年均开具证明数在3500份以上, 盖章成了基层"头号负担"。更重要的是, 现在的社区特别是城市社区人口多、流动性大, 社区情况复杂, 社区和居民的联系并不紧密, 无法了解每一位居民的真实情况, 开具"在家摔倒"、"人品良好"、"有无私生子"等证明大大超出了社区认知范围。另外, 有的证明如继承房产需开具的"亲属证明"等, 社区苦于缺少人手去查证, 而一旦开错又要承担赔偿的风险, 让办事人员"笔难下"、"章难盖", 心中无底, 左右为难。街道办事处、公安派出所等基层机构也存在类似情况。

（三）舆论聚焦影响恶劣。近年来, "奇葩证明"相关新闻成为媒体报道的高频话题和社会舆论的焦点, 特别是经过互联网集聚、放大和演化, 造成了极大的负面影响, 损害了党和政府的形象, 影响了人民群众对实现社会公平正义的信心。人民日报微信公众号曾刊文讲述"奇葩证明": 怎么证明我妈是我妈, 就引发了社会公众对类似经历的集体吐槽, 该文迅速成了微信热帖, 总阅读量超过20万人次。

（四）影响了发展环境。这些循环证明、重复证明等"奇葩证明", 加重了群众、企业、基层等社会各方的负担, 增加了公共管理、公共服务和社会经济运行成本, 严重抑制了市场和社会活力, 一定程度上影响了地方发展环境。

"奇葩证明"过多过滥, 究其原因, 一是懒政怠政, 本应由办事单位主动查证的情况, 却让群众多跑路"求自证"; 二是对有些无法证明或者难以证明的事项, 办事单位又怕承担责任, 于是层层推脱, 以求自保;

三是人为增设证明环节，故意设置障碍，创造权力寻租空间；四是行政审批制度改革虽已经明令取消了一大批审批事项，但一些部门监管理念和监管方式转变不到位，"奇葩证明"成了审批的新花样、新变种；五是社会信用体系不健全，彼此缺乏信任，便要求村、社区为企业群众的诚信状况背书；六是部门之间信息不流通，交换共享不够。要根除"奇葩证明"这一多因一果的乱象，绝非一减了之所能实现，必须坚持系统治理，统筹推进，既要着力削减证明事项，也要在具体操作层面打好配套"补丁"，疏导需求、减少需求，真正实现治理成果常态化、长效化。

二　主要做法

（一）"组织领导"是关键

对基层和群众反映的社区证明材料繁多、基层不堪重负、群众怨声载道问题，罗强市长高度重视，专门作出批示，并亲自主持召开专题会议进行安排部署。成立以市政府办公厅牵头，市政府秘书长为组长，市政府法制办、市政务中心和市民政局领导为副组长，市委督查室、市政府督查室、市委编办、市监察局为成员的证明清理领导小组，下设清理小组和督查小组，办公室设在市政府办公厅。在清理工作取得积极成效的基础上，我市率先成立全国唯一的城乡社区发展治理委员会，将治理"奇葩证明"作为一项重要职责纳入该委员会的"三定方案"，负责全市"奇葩证明"治理工作的统筹监督管理，从组织机构层面保障治理"奇葩证明"工作落到实处。

（二）"三方入手"查底数

采取自下而上和由上及下双向清理，从三方入手摸清底数：一是从证明出具方入手，多点查阅村（社区）为群众办事创业开具证明的工作台账，共梳理证明 204 项。二是从证明需求方入手，由证明使用方全面梳理本系统所需的证明，逐一列清上报证明 308 项。三是深入调查走访，成立 5 个专项小组，先后分四批深入到郫都区书院社区、成华区桃源社区等 47 个村、社区，走访座谈 2000 余人次，通过解剖重点点位，掌握面上情况。综合各方数据，梳理出证明事项 313 项。这些证明事项几乎涉及所有的政府部门，各级各类学校、医院、金融机构、供水供电供气等企事业单位和残联、红十字会等社会团体以及公证处等社会组织。

（三）"刚性原则"立标准

梳理出的 313 项证明事项，每一项背后都有其存在的理由和依据。究竟要以什么原则对这些理由和依据进行评价？以什么标准确定某项证明的去留？清理工作组感到"一头雾水"、无从下手。市政府法制办提出，要坚持依法削减，凡需保留的村（社区）证明，必须以法律、法规、规章和省级以上文件为依据，没有法律、法规、规章和省级以上文件依据的，一律取消，做到应减必减；对有依据但可通过法定证照、个人承诺、政府部门之间信息互通核验等方式涵盖或替代的证明事项，也要坚决取消，做到能减必减。此项建议得到市政府领导的认可并被确认为此次清理工作的刚性原则。

（四）"三堂会审"严把关

为确保客观公正，涉及证明事项的部门一律不得参与初审。由市政府法制办会同政务中心和民政局对梳理出的 313 项证明"三堂会审"，逐项查阅设立依据，逐项审核论证其合规性合理性，提出取消或者保留的初审意见。在初审的基础上，征求相关单位意见，对有异议的事项逐个听取所涉单位的陈述和申辩，特别是对意见分歧较大的事项，坚守法律政策底线，反复研究论证，反复沟通协商，针锋相对有之，面红耳赤有之，最终达成共识。通过"三堂会审"，取消村、社区证明 298 项，保留 15 项，取消比例达 95.2%。公布《成都市村（社区）证明事项保留清单》，统一规范证明事项名称、要求开具单位和证明用途。

（五）"一网通办"促便捷

建立公共数据开放平台，开放 1456 万条数据，涵盖了教育文化、安全生产、医疗卫生、社保就业等 21 个方面，以政府带头促进全社会数据共享共用。搭建市、县、乡三级互联的网上政务服务智慧平台，坚持联网通办是原则、孤网单办是例外，政务服务上网是原则、不上网是例外，做到凡能网上办理的事项，不得要求群众到现场办理；能通过网络共享的材料，不得要求群众重复提交；能通过网络核验的信息，不得要求其他单位重复提供，切实变"群众跑腿"为"信息跑路"。

（六）"信用建设"筑根基

建成全市统一信用信息共享平台（"成都信用网"），普遍推行个人承诺制，制定《成都市信用联合奖惩目录清单》和《成都市信用联合奖惩措施清单》，确定联合奖惩对象 24 类，出台联合奖惩措施 202 条，让守信者畅行无阻，使失信者寸步难行。如，以前申请律师执业资格证，要开无犯罪记录证明，现在则实行个人承诺，一旦发现申请人作出不实承诺的，不仅取消执业资格，还要记入诚信档案，依法依规严厉处罚。截至 2017 年底，"成都信用网"共收集全市 240 余万户法人主体、4000 余万条法人和 4.1 万重点人群的信用记录，日均访问量达 1.2 万余次，企业和群众对信用档案的重视程度提升了 47%。

（七）"制度建设"固成果

推行清单管理制度，清单以外的证明事项一律不得要求申请人提供，不得变相设置门槛或以其他形式要求提供。建立办事标准化制度，对保留的事项，逐个制定证明模板和办事指南，实现事项办理标准化、格式化，切实方便群众办事。建立健全相关配套文件,制定《成都市公共数据管理应用规定》、《社会信用体系建设五年规划》和《成都市公共信用信息管理暂行办法》。修订《成都市行政规范性文件管理规定》,规定没有法律法规规章依据,行政规范性文件不得设置证明,从源头上杜绝滥设证明的现象。

(八)"群众监督"促实效

搭建证明事项清理投诉监督平台,公布举报热线电话、微博和微信公众号,建立反馈、督办和问责机制,接受群众对各类证明问题的投诉,广泛听取群众意见,接受公众监督。群众在办事中遇到有关部门擅自要求开具"不该开"证明的,可随时举报投诉,反映自己被索要"奇葩证明"等问题的经历,并可提出对"减证便民"工作以及有关法律法规、规章和规范性文件的意见和建议。被投诉的部门要及时接收群众批评建议,并按照"谁处理、谁反馈"的原则在规定时间内向群众反馈处理情况。对落实不力的,严肃问责,确保清理工作真正取得实效,真正让群众满意。

三 初步成效

(一)企业群众办事方便了。通过治理"奇葩证明",变"群众跑腿"为"信息跑路",变群众"反复跑"为部门"协同办",减少了企业群众办事环节和材料,提高了办事效率。以前办事需要来回奔波寻证明、求盖章,现在只需上网查流程就可以了,大大方便了老百姓办事。治理"奇葩证明"后,市一级政务中心群众办事材料由1109份减少为774份,减幅30.2%。

(二)村、社区减负了。治理"奇葩证明"后,我市村(社区)日均出具证明数量锐减近9成。证明事项的大幅缩减,将村(社区)从繁杂的证明工作中解放出来，让行政归位，让村社归民，减负固本，大大减轻了基层工作负担，让基层组织有更多的时间去服务村民、居民。办事人员也不再怕为"难盖的章"伤脑筋、担责任，心理负担大大减轻。

（三）政府履职为民意识和能力提升了。通过治理"奇葩"证明，由"群众跑"转为"部门查"，倒逼部门由"避责"思维转为"负责"思维，由"管制型"思维转变为"服务型"思维，进一步提升履职为民的意识和能力。为及时回应解决民生诉求，我市创造性开通网络理政平台，累计收到群众来电来信236.3万件，回复办理率99.2%、诉求解决率84.1%，获全国"2017民生示范工程"第一名。

（四）全社会守法诚信意识提高了。通过推行个人承诺制，变"他证"为"自证"，以更加低成本、便捷化的方式倡导公民、法人和其他组织对自己的信用负责，激发社会诚实守信内生动力，促使自我约束和诚信意识不断增强，推动形成守信为荣、失信可耻的社会风气。

（五）发展环境更优化了。通过治理"奇葩证明"，进一步减少企业和群众办事环节，降低制度性交易成本，破除办事创业的体制机制障碍，激发社会创造力和发展活力。2017年，我市新登记市场主体数量再创新高，共计479151户，同比增长43.03%，增幅高出全国26.43个百分点；新增注册资本突破万亿元大关，达到13682.43亿元，同比增长36.12%。我市荣获"法治政府建设典范城市"、"最具幸福感城市"、"最具投资吸引力城市"、"全国守信激励创新奖"，并连续三年位居"新一线"城市榜首。

总理批示后，时任副总理张高丽、时任省委书记王东明、省长尹力对此项工作也作出了专门批示。省政府专门印发《关于推广成都市清理村（社区）证明经验做法的通知》，要求各地参照我市经验做法，对本地各级、各部门要求村（社区）开具的各类证明材料进行集中清理，切实解决群众办证难、办事难问题。我市治理"奇葩证明"工作在基层取得突破后，为进一步巩固和扩大成果，我市将治理工作延伸到行政机关，专项开展了市、县、乡三级行政机关和公共服务机构证明事项的全面清理规范工作，共梳理出证明事项 8043 项，取消 8031 项，保留 12 项，取消比例高达 99.85%，并公布了《成都市行政机关证明事项保留清单》。

2017 年 4 月 24 日，新华网以"一次性取消 298 项'证明'，成都最大力度'减证便民'"为题进行专题报道。4 月 25 日，新华社报道："这一'最大力度'的减证便民行动，是落实简政放权的有力之举，值得点赞。"4 月 26 日，中国网报道："在推进简政放权、为群众减负方面，四川成都这一举动为各地树立了榜样。可以说，砍掉奇葩证明，应向'成都魄力'看齐。"中国政府网、央广网、搜狐网、四川日报等多家媒体均对此项工作进行了专题报道。吉林、青海、广西、重庆、贵阳等 30 多个省、市来我市考察学习经验做法。

习近平总书记多次作出重要指示，要求更好解决人民群众反映强烈的办事难、办事慢、办事繁问题。李克强总理在今年国务院常务会上明确指出："改革就要从老百姓和企业日常最关心的身边事做起。现在许许多多的烦琐证明、循环证明，甚至'奇葩'证明，不仅让群众烦心，也让企业烦恼，必须下决心全面清理各类证明事项，让群众和企业不再为毫无必要的事情跑腿。"下一步，我们将继续深入贯彻落实党中央、国务院关于减证便民、优化服务的部署要求，把能否做到企业和群众"办事不求人"作为衡量服务型政府建设成效的一个"试金石"，继续巩固深化"奇葩证明"治理成果，加大"放管服"改革力度，最大限度减少企业和群众跑政府的次数，切实为市场主体添活力，为人民群众增便利，持续优化法治化便利化办事环境。

农村宅基地管理创新机制探索

天津市宝坻区人民政府法制办公室

一 主要内容

为了缓解我区农村宅基地用地紧张的突出问题，近年来我区不断探索改革宅基地管理模式，先后出台了一系列关于农村宅基地使用和管理的政策措施，不断完善，形成了一套新的管理体系，并于 2015 年发布了《宝坻区农村宅基地管理办法》、《宝坻区农村宅基地管理办法实施细则》。两个规范性文件的发布和实施，对我区农村宅基地的管理进行了一系列改革，重新调整了规划、明确了审批流程，从改革宅基地的使用权入手，对宅基地的使用权回收、退出、补偿、流转方面进行了探索。通过这两个规范性文件的实施，理清了我区农村宅基地管理的脉络，对加强该领域依法行政、施惠农民起到了积极作用。同时，以此为契机，推动行政职能转变，积极探索新形势下宅基地改革的新路径，契合当前农地改革的最新动向和国家战略的实施。

1. 重新调整农村土地利用规划，引导产业区域合理布局和协调发展

《宝坻区农村宅基地管理办法》规定：农村村民住宅建设应充分利用旧宅基地、空闲地和其他未利用地，原则上不再占用耕地。确需占用耕地的，按相关法律规定履行报批程序。同时划定宝坻新城、京津新城、四个示范工业园区规划范围内不再审批宅基地。此项规定源于我区对土地利用总体规划的修订，对农村部分，土地总体利用规划统筹安排农村居民点、基础设施、公益事业和二、三产业发展用地,编制和修订镇村规划,合理确定镇、村的数量、布局和用地规模,并明确了不再审批宅基地的区域。逐步构筑农村功能区划清晰、设施配套完善、农民安居乐业的新农村格局,为开展农村土地整理、挖潜盘活农村集体建设用地提供规划依据。

我区通过从宏观上控制农村建设用地总量,调整土地供应结构,确定不同区域的供地政策,实现了节约集约利用土地,长远利益与眼前利益的调和,宏观与微观的结合。其意义在于:一是通过科学调整规划,控制建设用地总量,提高经济发展速度和效益;二是通过调整土地供应结构,促进产业结构的调整和产业结构的优化升级;三是确定不同区域的供地政策,引导产业区域合理布局和协调发展。

2．简化农村宅基地审批流程——推动政府职能和行政方式转变

《宝坻区农村宅基地管理办法》明确了简明易操作的村民申请宅基地程序,方便了群众:申请宅基地的农民,首先向村民委员会提出书面申请,经村民代表大会讨论通过后,在本村张榜公布,公示期七天。公示期满无异议的,由村委会报街道办事处或镇政府;各街道办事处、镇政府负责辖区内村民宅基地申请的初审工作,将其中符合条件的同时报送区审批局和区国土资源分局;不符合条件的,告知申请人;区审批局和区国土资源分局对街道办事处和镇政府上报的宅基地申请进行审核,符合条件的,在规定之日内发放《乡村建设规划许可证》和《建设用地批准书》;不符合条件的,退回街道办事处和镇政府。

我区宅基地审批制度改革,改变了过去多头审批,程序不清的弊端,从纵向的职能分工,横向的职能整合、协同机制构建实现政府运转的最高效率角度,明确了村、镇、区三级职能,并适时地调整行政体制、职能配置,实现了政府在管理理念、管理方式、管理机制上的相应转变。在取消、下放、转移和调整农村宅基地行政审批事项中,通过强化行政指导、加强行政监管、提升政务服务,最大限度消除在行政审批过程中违规违纪的土壤,以制度的科学化、机制的合理化实现政府职能和行政

方式转变。

3. 对特殊类型人员的审批条件做出规定，实现社会公平

根据《天津市土地管理条例》第 64 条第一款第（五）项规定，区、县人民政府可以对村民申请宅基地的条件作出具体规定。针对农村宅基地紧张的局面以及人员构成，我区重新调整了宅基地审批条件：一是男到女家落户的，男方未申请宅基地，女方可申请宅基地。二是在校大学生及现役军人暂缓申请宅基地。经批准回乡落户定居的退伍军人无宅基地的和农业户籍未变、毕业两年之后仍在本区企业就业或自主创业的中高等院校毕业生需要宅基地的，可以按照规定程序申请。三是现有宅基地能够满足分户、建房需要，或者将原有住房出售、出租或赠与他人的，不得申请宅基地。

我国宅基地性质为集体所有，每一个农村集体经济组织成员都平等地享有宅基地使用权，我区打破了以前只有男方可以申请宅基地的传统，规定在一定条件下，女方可以申请宅基地；根据"一户一宅"的原则，规定特殊人群不得再申请宅基地保障了女方享有宅基地使用权的合法权益，实现了社会公平。在宅基地日趋紧张的情况下，保障了符合条件的村民能够正常申请到宅基地，减少了盲目申请宅基地后又闲置的情况发生，实现了农村集体经济组织成员公平地享有宅基地使用权。

4. 政府奖励引导农民向新城和小城镇集中，实现去库存，增效益

为了缓解农村宅基地紧张状况，结合新城规划，我区制定了鼓励农民向城镇集中的奖励政策，符合以下条件之一，在宝坻行政区域内购买商品楼房的，均可以申请政府的八万元补贴：一是不再审批宅基地的区域的农民，符合宅基地申请条件的；二是符合《宝坻区农村宅基地管理办法》规定的申请条件，自愿放弃申请宅基地的；三是村民或者城镇非农业户籍人员将占有的富余宅基地连同地上物退还村集体的。

2015 年中央经济工作会议提出"要适当降低商品住房价格，鼓励农民进城定居"。项目实施至今，区政府补贴农民 3700 余户，发放搬迁奖

励资金近三亿元。我区通过政府奖励，引导农民放弃农村宅基地申请权向小城镇集中的政策，实现了以下效应：一是符合宅基地申请条件的村民放弃宅基地申请权，有效缓解了宅基地紧张，实现了社会稳定；二是符合国家城镇化战略，对推动城镇化起到了积极作用；三是大规模消化了城区商品房积压，实现了去库存，增效益。

5. 刺激闲置宅基地和农房加快流转，探索农房和宅基地流转改革新路径

与农村宅基地紧张现象同时存在的现象是，由于上学、外出打工等因素，农村还存在一定量的闲置宅基地。为盘活闲置空宅基地，鼓励农村宅基地流转，《宝坻区农村宅基地管理办法》规定的处置空闲宅基地政策包括两个方面，一是退还宅基地给村委会购买楼房或仅仅退还富余宅基地给村委会均可获得区政府八万或四万元奖励；二是符合条件的，在本村内流转宅基地，在交易价格之外，还可以获得镇、街政府奖励。

通过探索宅基地退出、补偿、安置、流转新机制，为广大农民带来新的利益和福祉，充分体现了政府执政为民的理念。首先通过退出调整宅基地，重新规划布局，实现了对部分整体破旧的村庄进行集体改造，改善了村容村貌，村民花很少的钱就住上了新居，实现了美丽乡村的梦想。其次通过奖励宅基地退出，村里建设用地增加，使宅基地再流转成为可能，实现了宅基地的再利用和集约利用。最后流转的宅基地，由于接收方是

缺房户，并不违反一户一宅的法律规定，不但处置了空闲宅基地，而且减少了申请新宅基地的人数，在一定程度上缓解了宅基地紧张的局面。

二　动因和背景

为了缓解宅基地日益紧张的局面，我区先后出台了一系列关于农村宅基地使用和管理的政策措施，不断完善，形成了一套新的管理体系，并制定了两个规范性法律文件，这些措施主要是基于两方面的现实需要。

1. 解决我区宅基地使用和管理方面实际问题的需要

2012 年，区政府法制办会同区委研究室、区政府督查室、区规划局、房管局、国土资源分局以及财政、公安等部门对我区农村宅基地使用和管理情况进行了一次深入调研。本次调研深入到部分镇街听取了镇村干部、群众的意见建议，委托国家统计局宝坻调查队对全区农村宅基地实际状况进行了调查摸底，对今后一个时期我区农村宅基地管理和改革方向进行了认真研讨。目前我区农村宅基地使用及管理方面存在的问题主要是：①村庄无规划，未经审批而抢占抢建的现象比较严重；②宅基地审批混乱，多部门管理，程序烦琐；③部分村民建房用地需要不能得到满足；④闲置不用的宅基地、空房大量存在。但是现有法律制度并不能满足解决实际问题的需要。现有《土地管理法》及相关法律法规确立的农村宅基地管理基本制度包括宅基地集体所有、村民使用、审批取得、一户一宅、面积法定、权利登记、不得流转等。现实问题是，农村宅基地管理的依据，只限于土地法律法规的个别条款和相关政策文件，操作性差，衔接不顺畅，缺乏系统性和针对性。同时宝坻区宅基地使用和管理有其自身的特殊性，需要根据本地区实际情况，有针对性地制定和完善宅基地管理方面的政策措施和管理体系。

2. 推动新型城镇化战略、实现城乡一体化发展的需要

2013 年，党中央提出新型城镇化战略，并将其视为中国下一轮经济增长的引擎，可以预见，未来还会有数以万计的农民涌入城市，意味着城市还会继续扩张，需要更多的土地来满足不断膨胀的城市建设用地需求，只有坚持走集约节约用地，挖掘存量建设用地潜力，才能保证新型城镇化建设更加健康、可持续，使广大农村享受到与城市均等的公共服务，逐步实现城乡一体化发展。而这一思路的实现，需要对农村宅基地的管理制度进行一系列改革，释放农村集体建设用地潜力，如此才能满足推动新型城镇化，实现城乡一体化的现实需要。

为了加强农村宅基地管理，解决宝坻区农村宅基地近年来所面临的特殊问题，促进依法行政，推动新型城镇化战略、实现城乡一体化发展，2015 年我区先后出台了一系列关于农村宅基地管理的政策措施，不断完善，形成了一套新的管理体系，最终制定了两个规范性文件。

三　对实现法治政府建设目标的意义

根据《法治政府建设实施纲要（2015—2020 年）》总体目标和具体措施，结合宝坻实际，以两个规范性文件为代表的一系列宅基地使用和管理措施对实现法治政府建设目标具有以下意义。

1. 依法全面履行政府职能

住房是重要的民生问题，必须引起高度重视，我区的农村宅基地管理改革，以全面履行政府职能为出发点，出台鼓励措施，达到保障和改善民生的目的。一是重新调整宅基地审批范围。二是引导农民向新城和小城镇集中。三是刺激闲置宅基地和农房加快流转。四是鼓励农民转入城镇就业。通过以上几个方面的渠道，特别是对自愿放弃申请宅基地人员，以政府补贴的形式支持购买商品房，体现了政府柔性管理，减轻了农户购房压力，群众近期住房需求得到满足，基本缓解了农村宅基地的紧张状况，引导农民有序地向城镇集中，推进城镇化进程。

依法审批，加强对宅基地管理。通过明确宅基地审批程序，增强镇、街社会经济管理职权，简化了农民建房用地审批手续；按照"一户一宅，拆旧建新，法定面积"的原则审批宅基地，进一步加强了宅基地的管理，杜绝了"一户多宅"现象；通过逐步制定镇、村规划和年度农民建房计划，在宅基地的宏观管理上做到了统筹规划，有序进行。

2. 完善依法行政制度体系

行政机关职权法定，在上位法粗疏的情况下，为了实现科学高效的行政管理，我区出台了关于农村宅基地管理的两个规范性文件，以构建系统完备、科学规范、运行有效的依法行政制度体系，使政府管理各方面制度更加成熟更加定型，为宅基地使用和管理提供有力制度保障。同时为加强规范性文件的管理，在区政府工作规则中专设一章对规范性文件的制定、发布、实施进行了规定。从被列入年初的重点文件计划开始，该文件经过反复调研、论证、修改，实施后经过评估进行再修订，经过一年时间，充分体现了规范性文件制定的合法性、合理性、效率性、公众参与性的特点，对完善依法行政的制度体系起到了很好的示范作用。

3. 推进行政决策科学化、民主化、法治化

2014 年初将农村宅基地加强管理项目列入区政府重点工作。在制定两个文件的过程中，由法制办公室牵头，我区组织国土、规划、审批、房管等职能部门对 12 个镇的宅基地管理现状进行了调研，广泛听取了镇政府、村委会和村民的意见。文件草案形成后，又召开了听证会，由人大代表和政协委员、法学专家参与，在广泛听取各界意见的基础上，修改形成的征求意见稿经区政府常务会议审议通过后向社会公布并向市政府、区人大备案。完成了规范性文件制定、发布、备案的全过程，为行政管理提供了有力制度支撑。该项目的实施过程充分体现了政府决策的

科学化、民主化、法制化。

4. 坚持严格规范公正文明执法

明确相关部门执法职能，执法分工明确，杜绝执法推诿。为了解决农村建设管理中各部门职能不清，执法混乱的局面，《宝坻区农村宅基地管理办法》明确了各部门的职责：在建房监管方面，我区建立了镇、街道、村级组织共同责任机制。农民建房管理过程中，做到申请条件公开、审批程序公开、审批结果公开，同时对建房过程镇、街全程监管，建房竣工后，由村民委托，镇政府负责向区国土资源分局申请核发《集体土地建设用地使用证》和《房屋所有权证》。违法建设行为的查处方面，各街、镇及所辖村庄规划范围内发生的违法建设行为，由街道办事处和镇政府负责查处。占用农田进行的违法建设行为，由区国土资源分局负责查处。并建立了违法案件首发现负责制和违法案件移送制度，通过明确镇、街对农村建房的监管职能，明确国土部门和镇、街对违法建设行为查处的执法范围，杜绝了过去由于职责不清造成的监管不力、执法互相推诿现象。在农村从建房、申请到违建查处，执法体系清晰、分工明确，促进了依法行政，杜绝了该领域因执法交叉引起的执法空白现象。

5. 强化对行政权力的制约和监督

在两个规范性文件制定实施过程中，充分体现了对行政权力的制约和监督。在文件制定过程中的听证、备案,自觉接受了民主监督、人大监督。项目实施过程中,特别是宅基地补贴政策,涉及农民切身权益,政府资金支出巨大,为保证项目合法、公开、透明,在审批补贴过程中,建立了以下制度保证:一是公开、公示制度。符合补贴政策人员名单经村、镇、区政府三次公示,每次公示期七天,在群众的监督下,有效杜绝了弄虚作假。二是联合审查制度。申请政府宅基地补贴需经村民代表大会同意,镇政府初审,法制办组织国土、规划、审批等职能部门联合办公,进行复审,疑难复杂问题实地调查等几个环节,不但保证了申请人员的合法合规而且防止了审查部门违法违规行为的出现。三是审计追责制度。宅基地补贴资金由区政府拨付镇政府,再由镇政府发放给申请人,对审计出问题的街镇和工作人员追究相关责任。这些措施保证了资金足额到位,合法使用。四是举报投诉反馈制度。区政府和镇政府、街道办事处均设立了举报热线,受理群众的举报投诉,并在七日内查实回复,保障了本项目的公开透明接受监督。五是纠错问责制度。对在本项目实施过程中出现的违法、违规单位和人员,实施纠错问责。自本项目实施至今,未出现申请人弄虚作假,套取国家资金现象,未出现国家工作人员违法违纪现象。

6. 依法有效化解社会矛盾纠纷

减少违法占地，解决执法困境，有效化解社会矛盾纠纷。由于长期以来不能缓解可供审批的农村建设用地越来越少和农村符合申请宅基地条件的人越来越多之间的矛盾，为了结婚建房分户的需要，未经批准，抢占宅基地，或者在村边农用地上建房违法占地的情况越来越严重。随着各项政策的出台，符合宅基地审批条件的，有地可批的村能够顺利批到宅基地；不能批到宅基地的，可以通过购买楼房或流转宅基地解决缺房困境。农民便不再违法占地，甚至主动拆除违章建筑，全区违法占地案件发生率大幅度下降。这样通过农村宅基地管理制度的创新，有效化解了和农村宅基地有关的各种社会矛盾纠纷。过去由于村民建房用地需要不能得到满足引发的信访和违法建设现象大量存在，从而给干群关系，行政执法造成困扰。新的农村宅基地管理政策实施后，通过明确申请程序、规范执法范围、奖励引导的办法，较好地解决了基层矛盾。

7. 全面提高政府工作人员法治思维和依法行政能力

为保证本项目的顺利实施，区政府法制办举办了四次专题培训班，就项目内容、程序、意义向各级工作人员进行传达，对工作人员进行法治教育，廉洁从政提醒，并且不定期地深入各个镇、村进行业务指导，解答疑难问题；组织召开业务交流研讨会，相关工作人员在业务交流中提高工作能力和水平。通过一系列保障措施，项目顺利运行，措施落实到位，工作效率提高，更促进了政府工作人员法治思维的形成和依法行政能力的提高。

四 受益者及其受益的情况

农村集体经济组织成员作为农村宅基地的使用权人，是本项目的直接受益人，通过本项目的实施，受益情况如下：一是农村土地利用规划的调整，实现了农村土地的集约高效利用。二是宅基地审批程序的简化，为申请人提供了快速、高效、透明的申请渠道。三是宅基地审批条件的调整，保证了农村集体经济组织成员平等地享受宅基地使用权。四是放弃宅基地申请权购买楼房补贴和宅基地流转改革，改善了农民居住条件，缓解了农村宅基地紧张局面，农民更切实体会到政府执政为民的理念。

五　项目之前已经获得的其他荣誉

获得"2016年度天津市政府系统依法行政考核创新加分项目"。

六　证明材料等附件目录，及其他需要说明的情况

1.《宝坻区农村宅基地管理办法》

2.《宝坻区农村宅基地管理办法实施细则》

3.《天津政府法制》（第四期）

颁布实施全国首个地方版"学校法"
《青岛市中小学校管理办法》

青岛市教育局

一　主要内容

青岛市以构建现代学校治理体系、实现学校治理现代化为目标，以学校治理的问题为导向，以明晰政府、学校、社会关系为重点，对中小学治理的基本原则、治理机构和方式进行了设计，颁布实施了《青岛市中小学校管理办法》。

明确学校职责，创新学校内部治理机制。以落实学校法人主体地位为核心，明确了学校在课程实施、招生、教师选聘、经费管理等方面职责和有关权限运行的基本原则以及校务委员会、家长委员会等机构的组成与运行原则，促进学校实施科学治理。

明确督导与考核评价制度，激发教育活力。以提高教育质量为目标，围绕学生、教师、学校等被评价主体，构建了多维度评价体系，建立学校自评、政府督导、第三方评价相结合的学校评价机制，让教育评价更加科学、合理。

明确政府职责，建立学校发展保障机制。坚持问题导向，建立了学校规划建设评估机制、经费增长保障机制、教师保障机制和校园安全联动机制等，破解了学校发展的瓶颈问题。

二 发起的动因和背景

学校的依法治理是教育治理体系和治理能力现代化的关键和重要组成部分。目前从国家到地方，均还没有出台立法，从制度上对学校治理作出科学规范。在实践中政府及有关部门管得过多、过死与学校规划建设、师资经费等发展保障不到位的情形并存，越位、缺位的现象时有发生，不利于激发学校主体的办学活力。同时，在中小学实施校长负责制，但校长应该拥有哪些职责没有明确界定，学校内部治理缺乏规范，特别是在校内外活动中学校与学生监护人、社会的职责分配不明晰，影响了教育教学活动的正常开展。以立法形式进一步理清政府、学校、社会的权责关系，有助于突破教育改革的瓶颈，在全国教育治理层面会起到了很好的创新示范和立法引领作用。

2010年《国家教育纲要》实施以来，青岛坚持试点引路，积极推进实践基础上的制度创新。2014年以市政府规范性文件形式出台了《关于进一步推进现代学校制度建设的意见》（青政办发〔2014〕4号），将人、财、物和教育教学管理四个方面14项权限下放给学校。同步配套建立学校章程制订、校务委员会、中小学校长、党组织、教职工代表大会等多个规定，探索区域治理的青岛路径。2015年，以承担国家教育管办评分离改革和教育行政执法体制改革为契机，坚持专家引领和问题导向，委托中国政法大学开展国外学校法立法研究，积极总结实践经验，2016年12月，青岛市政府常务会议审议通过了《青岛市中小学校管理办法》，2017年3月20日起施行。

三 对实现法治政府建设目标的意义

《办法》推动了现代学校治理机制创新。《办法》解决了学校怎么办、怎么管、怎么评的问题，促进学校依法规范运行，让评价更加客观科学，有助于学校办学主体地位的落实。北京师范大学石中英教授评价该《办法》很好地体现了依法小学、自主管埋、民主监督、社会参与的现代学校治理理念。

《办法》推动了现代学校区域治理模式的形成。依据《办法》，青岛市从推进放管服改革，优化学校治理机制和中小学内部治理机制改革两个维度确定19个试点单位，逐个确定具体试点方向，进一步探索推进政府放管服背景下，政府对学校治理机制的创新和学校内部治理结构常态化运行的有效模式。在此基础上，青岛全面深化管办评分离改革和教育行政执法改革，全面启动学校依法按章程办学机制的建立，全面推行学校管理权限清单制度，全面推动校务委员会、教代会、家委会等治理机构的常态化运行，构建起以法治为核心的政府治理机制、以清单管理为特征的学校办学机制、以社会主体广泛参与为特点的多元评价机制。有关做法在2018年全国教育政策法治工作会议上做典型发言。

《办法》推动全国立法领域改革创新风气的形成。《办法》对教育的热点难点问题进行了回应。比如明确"学生在节假日、寒暑假、放学离校后等非在校期间以及非学校组织的活动中，发生伤害事故的，组织者及学生监护人应当依法承担相关责任"，为学校办学松绑。再如按照权利和义务对等、教育保护与管理同步的原则，对学生的处分、惩戒等制度进行了规范，新华社刊文《青岛市在教育惩戒方面"吃螃蟹"》，《光明日报》刊文《为首提"教育惩戒"的法规鼓掌》，2017年3月7日和3月28日，《中国教育报》分别以《一部解渴的地方性教育法规》、《地方版"学校法：为何立规矩？如何画方圆"》为题，推广《青岛市中小学校管理办法》立法经验，教育部政策法规司召开学校管理法律问题研讨会，肯定了青岛立法创新。

四 受益者及其受益的情况

为中小学松绑，激发了学校办学活力。办学自主权的下放为学校根据特色化、个性化发展需求统筹配置经费、设施、教师等资源，制订招生等教育教学改革政策提供了保障。以教师为例，近三年来，仅市教育局直属学校自主引进高层次人才、紧缺岗位人才和免费师范生194人，占新补充教师总数的40%以上。以经费为例，2017年青岛市教育局将学校基础设施修缮、设备购置、图书选购、教师培训等专用资金1.2亿元，一次性分配至各学校，有利于校长统筹资源，提高教育管理效率。办学自主权的下放促进了学校的多样化特色发展和内涵提升，全市普通高中多样化特色办学覆盖面达到68.5%，涌现出了一批以外语、美术、人文、科技、海洋为特色的普通高中；职业学校特色专业进一步凸显，入选省中职学校品牌专业建设项目达到20项，成为山东省入选数量最多的城市。

为政府松绑，提升了政府效能。《办法》将教育行政部门从琐碎、直接的行政事务管理中解脱出来，可以投入更多精力谋长远、促发展。近年来青岛市围绕教育改革的重点难点问题，制订(修订)规范性文件15个，先后承担了12项国家级改革试点任务，并被确定为山东省教育综合改革试验区，教育行政执法体制改革多次创造了"全国率先"，有力地推动了区域教育的创新实践。以高等教育为例，青岛先后在资金、人才、土地等方面出台系列支持政策，吸引国内外高水平大学来青办学，与市政府签约来青的高校达到32所，其中山东大学青岛校区等16所高校项目已经正式运行。

为校长专业发展提供平台，推动了教育家办学。《办法》的推进为校长职级制改革的同步实施创设了良好的环境。青岛市取消了校长处级、副处级、科级的"官衔"，建立特级、高级、中级、初级校长等四级10

档的校长职级管理制度，配套制定校长选任、定期交流、目标绩效考核等近20项制度，实施名校长培养工程，成立50个名校长工作室，促进了校长队伍的专业化成长，全市齐鲁名校长达到33名，数量均居山东省第一。

五　相关荣誉

教育部高度肯定。教育部政策法规司以《青岛市中小学校管理办法》为主题召开学校管理法律问题研讨会，政策法规司原司长孙霄兵指出，青岛市勇于面对当前教育改革发展的热点难点问题和群众的热切关注，率先出台《办法》，具有极大的认识和实践勇气，肯定了青岛的立法选择和立法创新。

专业机构和专家充分认可。《办法》先后荣获21世纪教育研究院的第五届地方教育制度创新奖，中国教育报第五届全国教育改革创新奖。教育部发展研究中心、国家教育咨询委员会、中国教育三十人论坛、北京大学、清华大学、北京师范大学、华东师范大学、首都师范大学等高校的教育专家任友群、杨银付、杨东平、林崇德、任剑涛、张志勇等，来自中国政法大学、上海交通大学等高校的全国法学领域权威专家王敬波、季卫东等，以及全国一线教育改革实践工作者点评《办法》，对《办法》给予高度评价。

媒体广泛报道。中央电视台《第一时间》、《人民日报》、《光明日报》、《大众日报》等多家媒体报道做法总计2800余次，微信公众号发布1000余次。

黄冈市强化行政复议机关职责
实行"市长审案"制度

湖北省黄冈市人民政府

一 主要内容

行政复议"市长审案"制度项目是黄冈市人民政府对行政复议案件审理机制的一次创新,自黄冈市政府 2014 年第一次常务会议确定,实施至今已四年有余。它是指由黄冈市行政复议委员会负责抽选有关法律专家、学者、资深政府法律顾问及市直部门负责人组成 7 人案审组,由市政府市长、副市长每月轮流主持行政复议案件审理会议,将疑难复杂、社会影响大、群众广泛关注的案件上会讨论,综合前期听证、调查核实情况,根据多数票决意见作出复议决定。市长、副市长除了主持案审会按程序进行外,同时也是案审组的委员,需要单独对案件发表处理意见。同时,"市长审案"还要求被申请人的相关负责人旁听案审会,通过观摩"市长审案",以案说法,及时发现行政执法中存在的问题和不足,增强法治意识,培养法治思维,进一步提高部门公正文明执法水平。项目自 2014 年初实施以来,已坚持 4 年,期间共 16 位市长、副市长主持了 27 次行政复议案件案审会,共计审理 127 件案件,其中维持 57 件,占比 45%;责令履行 7 件,占比 5.6%;撤销 52 件,占比 41%;变更 1 件,占比 0.8%;调解和解 7 件,占比 5.6%;案件决定履行率达 100%,行政复议直接纠错率 41%,综合纠错率 54%,经"市长审案"的复议案件进入诉讼无一败诉。下辖 11 个县、市、区比照市政府做法相继开展"县（市、区）长审案"制度，极大地增强了行政复议的公正性，大幅提升了行政复议决定的履行率，达到了法律效果与社会效果的统一。

二　动因和背景

2012 年 7 月 1 日，黄冈市人民政府行政复议委员会正式挂牌运行。该机构的成立是为了全面贯彻落实《中共中央办公厅、国务院办公厅关于预防和化解行政争议健全行政争议解决机制的意见》（中办发〔2006〕27 号）和《国务院法制办公室关于在部分省市、直辖市开展行政复议委员会改革工作的通知》（国法〔2008〕71 号）的精神，进一步完善行政复议体制和工作机制，提高行政复议解决行政争议的质量和效率，增强行政复议制度的公信力，充分发挥行政复议制度在解决行政争议、建设法治政府、构建社会主义和谐社会中的重要作用。市行政复议委员会成立后，不断创设和完善工作制度，逐步建立和完善了案审会制度、听证制度、调解制度、承办人责任制度、分层把关制度、备案制度等制度，有效保障了行政复议工作的规范有序开展。为了解决市直部门对行政复议工作重视不够、行政复议委员会常任委员（绝大部分为市直部门一把手）参会率不高的问题、进一步强化被申请人履行复议决定的力度，2014 年 1 月，黄冈市政府确定黄冈市行政复议委员会正式实行"市长审案"制度，大力改革创新行政复议案件审理体制机制。

三　对实现法治政府建设目标的意义

2012 年党的十八大报告提出 2020 年基本建成法治政府的目标，党的十八届四中全会《中共中央关于全面推进依法治国若干重大问题的决定》对法治政府建设目标作了进一步明确。《决定》指出，各级政府必须坚持在党的领导下、在法治轨道上开展工作，加快建设职能科学、权责法定、执法严明、公开公正、廉洁高效、守法诚信的法治政府。建立和完善行政复议"市长审案"制度，对实现法治政府建设目标来说意义重大。

从宏观上讲，"市长审案"制度：一是加强了对行政执法工作的监督力度；二是进一步促使行政纠纷化解在基层、化解在初级阶段、化解在行政机关内部；三是促使行政机关首长增强了依法行政、科学决策的法治意识。

从微观上讲，"市长审案"制度能够通过提升行政复议质效来有效化解行政纠纷。具体有以下四个方面的体现：一是复议办案质量明显提高。市长主持案审会，对复议委员会办公室办案人员的工作提出了更高要求。要求办案人员在案件受理审查、确定案件当事人、实地调查取证、调解和解、作出决定等环节都要一丝不苟、不偏不倚，从客观上促进了行政复议案件办案质量的提高。二是常任委员参会比率大幅提升。黄冈市行政复议委员会的常任委员是市政府相关部门的主要负责人，他们由于工作任务繁多，在实行"市长审案"制度之前，他们参与案审会的比率不高。但是，实行"市长审案"制度之后，这个现象有了明显的改观。据统计，2013年常任委员参会率只有4.3%，若除去市政府法制办的常任委员，其他常任委员的参会率只有2.3%；实行市长审案制度后，常任委员参会率连续两年超过98%。三是提高行政复议的公信力。市长亲自参与审案，能够站在更高的视野和角度思考案件本身的问题甚至案件之外反映的问题，同时也增强了专家、学者、律师等案审委员依法审理案件的信心，有效保证了行政复议案件审理的公正性，极大提高了行政复议的公信力。四是触动被申请人更加勤勉尽职。要求被申请人相关负责人旁听"市长审案"，能够让他们亲身经历案审会上提出和暴露的问题，触动他们在以后的工作中规范执法，依法行政。曾有某部门负责人在案审会后第二天就主持案件处理协调会；某县级市政府在颁证中出现违法情况，分管副市长和部门主要负责人在市长案审会上作了深刻检讨，并决定在该部门进行自查整改，收效良好。

四 受益者及其受益的情况

行政复议"市长审案"最广大的受益者是行政相对人。受益情况主要体现在：一是行政复议案件得到更加及时、高效的审理。"市长审案"制度的实行，从客观上对行政复议委员会的办案工作质量提出了更高的要求。这也促使办案人员全心全意地投入工作中，使案件的处理更加及时、高效，更好地保护了行政相对人的合法权益。二是行政复议案件得到更加公平、公正的审理。以前，行政复议委员会在审理行政复议案件时，面对有些强势的被申请人，申请人总感觉复议机关在当"维持会"。但市长直接担任案审组主持人，这个问题基本上不存在了。三是被申请人履行行政复议决定更加积极主动。以前，如果行政复议决定对申请人有利，对被申请人不利，被申请人多少有些消极怠慢，拖延履行。但是经过市长审案，从客观上提高了复议机关的权威性，也促使了被申请人积极主动的履行对其不利的复议决定。据统计,行政复议机关作出的变更、确认违法、责令履行类的行政复议决定，在"市长审案"制度实行之前，2013 年被申请人履行这类复议决定的平均期间为 35 天，而在"市长审案"制度实行之后，2014 年该平均期间缩短为 33 天，2015 年为 32 天，2016 年为 31 天，2017 年为 30 天。

五 相关荣誉

2014 年、2015 年黄冈市政府法制办以创新行政复议案件审理机制之"市长审案"制度获得湖北省政府法制办"行政复议机制体制创新奖",同时连续3年获得黄冈市"全面深化改革优胜单位奖"。我市就"市长审案"工作形成的经验材料《湖北省黄冈市强化行政复议机关职责积极推进法治政府建设》,在国务院法制办2017年第5期《行政复议工作动态》刊发,在全国范围重点推介了我市"行政首长审案制"情况,此项工作得到了市政府主要领导的肯定和表扬。

六 取得成效

我市"市长审案"制度自2014年初实施以来,已坚持4年,期间共16位市长、副市长主持了27次行政复议案件案审会,共计审理127件案件,其中维持57件,占比45%;责令履行7件,占比5.6%;撤销52件,占比41%;变更1件,占比0.8%;调解和解7件,占比5.6%;案件决定履行率达100%,行政复议直接纠错率41%,综合纠错率54%,经"市长审案"的复议案件进入诉讼无一败诉。下辖11个县、市、区比照市政府做法相继开展"县(市、区)长审案"制度,极大地增强了行政复议的公正性,大幅提升了行政复议决定的履行率,达到了法律效果与社会效果的统一。

税务系统行政执法三项制度试点工作

国家税务总局政策法规司

一 主要内容

根据国务院办公厅印发《推行行政执法公示制度执法全过程记录制度重大执法决定法制审核制度试点工作方案》要求，结合税收实际，在税务系统内推行行政执法公示制度执法全过程记录制度重大执法决定法制审核制度（以下简称"三项制度"）试点工作。

（一）总体情况

1. 坚持"三高"，精心谋划部署

一是高位推动建立机制。税务总局党委书记、局长王军专门作出批示，主持召开重点工作推进会，研究部署税务系统试点工作。成立三项制度试点工作领导小组，王军局长任组长，其他局领导任副组长，加强对试点

工作的组织领导。试点单位均成立一把手任组长的领导小组，制定试点方案，明确时间表、任务书、路线图。

二是高标选样突出重点。税务总局反复比较、择优选点，从65个省税务局申报的311家单位中确定了31家试点单位。试点层级全覆盖，涵盖省、市、县区等各级国家税务局、地方税务局及稽查局。试点任务分点面，充分考虑试点要求和各地税收执法工作基础及工作实际确定试点任务，积极稳妥推进试点。

三是高效部署凝聚共识。2017年6月，召开税务系统试点动员部署会，通过实地查看、座谈讨论、领导讲话等方式，统一思想认识，明确思路方向。各试点实施单位紧密联系税收工作实际，聚焦税收执法突出问题和薄弱环节，集中力量、重点攻关，形成了一批工作亮点和典型经验。同时，坚持边试点边总结边提高，税务总局先后四次分片集中调研，密切跟踪、督促指导、总结评估试点工作，及时研究解决困难问题，持续提升试点成效。

2. 注重"三化"，科学组织实施

一是细化任务明方向。按照三项制度试点工作的总体要求，结合税收工作实际，将试点任务清单化、项目化、责任化。确定了32项具体任务和28项工作性课题，将任务和课题分解落实到税务总局具体司局和试点省局，形成试点省局和相关司局上下联动、横向协作、纵合横通的试点工作格局。

二是优化集成重质效。结合现有工作基础，将三项制度试点置于现行税收框架体系内统筹推进，不另起炉灶，不重复建设。注重与税收现代化建设的成果、"放管服"改革、内控机制建设等工作配套衔接、融合集成，与编制公布权责清单、推行法律顾问制度和公职律师制度、开展法治基地创建活动、实行税收执法人员持证上岗和资格管理等工作有机结合、系统集成，降低推行成本，减轻基层负担，试点工作事半功倍。

三是强化考核促落实。各试点实施单位及所在省税务局运用绩效考核手段,确保三项制度试点工作有效落实。比如,河北省国税局将试点工作完成情况纳入绩效管理,作为评价试点实施单位工作成效的重要组成指标,推动试点工作持续改进;天津市地税局将试点工作纳入绩效考评依法行政指标的加分项目,对形成试点经验的单位予以额外加分。

3. 着力"三重",勇于攻坚克难

一是重问题积极破解。针对行政执法公示方面存在的公示要求比较笼统、公示主体不够明确、公示流程不够清晰,执法全过程记录方面存在的部分税务干部存在顾虑、部分纳税人存在抵触、记录数据的存储方式和存储时限缺乏明确依据和规范,重大执法决定法制审核方面存在的审核人员数量不足、审核范围职责边界不清等问题,税务总局迎难而上、集思广益,积极解决问题,将分散的规定加以梳理,将模糊的流程加以明晰,将笼统的要求加以细化,将缺失的依据加以补充,提炼形成"最大公约数"。

二是重改进持续提升。各试点单位及所在省税务局结合实际,创新试点模式,不断改进做法,努力形成特色鲜明、行之有效、可复制可推广的经验做法。比如,河北省国税局采取三个"上下来回"的做法,在上下贯通、持续改进上下功夫。又比如,广东省地税局实行项目管理和

多轮试点，分阶段拟订全省地税系统三项制度范本 1.0 版、2.0 版、3.0 版，在试点实践中持续优化升级制度范本。

三是重制度力求长效。我们认识到，三项制度不是一项应景式任务、不是一场运动式改革，而是一种逐渐融入日常行政执法观念和行为的常态化工作。因此，税务总局注重以制度形式固化试点经验，打造长效机制。各地税务机关在试点过程中也形成了一系列制度机制、工作标准、操作规范、具体指引。

总之，税务部门在三项制度试点工作中，始终坚持目标导向，注重凝聚系统上下推进三项制度试点的合力；始终坚持问题导向，着力解决税收执法中存在的突出问题；始终坚持集成导向，注重把推行三项制度与税收日常执法进行深度融合；始终坚持信息化导向，着力运用信息技术助推三项制度落地见效，较好地实现了三项制度试点的初衷和目标，为全面推行三项制度积累了经验、摸索了方法。

（二）具体做法

1. "四管齐下"推行税收执法公示制度

税务部门构建更加开放、透明、便捷的执法公示运行机制，方便纳税人和社会公众查询税收执法信息、监督税收执法行为。一是基础信息与专项信息相结合，规范公示内容。既公开执法主体、权限、依据等基础信息，又及时公开行政许可、处罚行为的过程信息，受到纳税人好评。二是统一平台与多元渠道相结合，规范公示载体。以税务机关网站"执法公示平台"为主体，以办税服务厅公示栏、微博、微信等新媒体为补充，同时积极推动与政府执法信息公示平台互联互通，扩大执法公示的受众面和影响力。三是事前事中事后相结合，规范公示环节。将执法事项分为事前公示、事中公开和事后公示三类，明确各个公示事项的时间节点、时限要求。四是分工负责与统一发布相结合，规范公示流程。统一规范公示信息的采集、审核、发布、纠错、存档等工作，执法责任部门负责审核公示信息，经审批确认后统一在税务门户网站等载体公示。

2．"四位一体"推行税收执法全过程记录制度

税务部门着力规范文字记录、应用信息化记录、推行音像记录、强化数据分析，让权力以"看得见"的方式规范运行。一是规范文字记录，记录内容更完善。将执法文书作为全过程记录的基本形式，进一步完善执法文书要素，并对电子化执法文书的法律效力、程序规范、风险防范等进行了有益探索。二是应用信息化记录，记录方式更便捷。依托金税三期工程进行全过程记录，涵盖税务认定、申报纳税、税务检查等 11 类 612 项税收征管业务。三是推行音像记录，记录形式更多样。运用执法记录仪、监控录像等，对容易引发争议、直接涉及重大财产权益的现场执法活动进行全过程音像记录。四是强化数据分析，记录运用更广泛。加强对税收执法全过程记录数据、信息、证据、资料的统计分析，有效发挥其在执法监督、争议处理等方面的积极作用。试点单位利用执法记录解决涉税争议 358 件，有效融洽了征纳关系。

3．"四轮驱动"推行重大税收执法决定法制审核制度

税务部门着力实化审核主体、量化审核范围、细化审核内容、优化审核程序，促进重大税收执法决定合法公正。一是实化审核主体，明确审核方式。试点单位普遍明确由法制机构负责法制审核，有的单位组建法制审核委员会集体审核。各试点单位配备法制审核人员 3392 人。二是量化审核范围，明确审核边界。结合税收执法行为的类别、执法层级、涉案金额以及对纳税人和对社会的影响等因素，采取清单式列举，确定具体审核范围。三是细化审核内容，明确审核重点。针对不同税收执法行为，逐一列明审核要素，明确具体审核内容。四是优化审核程序，明确审核流程。编制法制审核流程图，相关部门按照职责分工开展工作，增强法制审核的规范性和可操作性。

二 发起的动因和背景

（一）贯彻落实中央决策部署，全面提高依法治税水平

习近平总书记在《关于〈中共中央关于全面推进依法治国若干重大问题的决定〉的说明》中指出："政府是执法主体，对执法领域存在的有法不依、执法不严、违法不究甚至以权压法、权钱交易、徇私枉法等突出问题，老百姓深恶痛绝，必须下大气力解决"。

国务院办公厅印发《推行行政执法公示制度执法全过程记录制度重大执法决定法制审核制度试点工作方案》提出，行政执法三项制度是党的十八届四中全会部署的重要改革任务，对于促进严格规范公正文明执法，保障和监督行政机关有效履行职责，维护人民群众合法权益，具有重要意义。

税务部门是重要执法机关，依法治税是税收工作的灵魂，依法行政是税收工作的生命线和基本准则。近年来，税务部门以习近平新时代中国特色社会主义思想为指导，全面贯彻党的十八大、十九大、十八届三中、四中、五中、六中全会和十九届二中、三中全会精神，全面推进依法治税，制度体系不断健全，执法行为逐步规范，管理方式日趋科学，法治保障持续加强，法治正从一种治税手段发展成为税收治理的基本方式。但是，与党中央全面依法治国要求相比，与经济社会发展趋势相比，与实现税收现代化目标相比，与广大纳税人期待相比，税收法治建设还存在许多不适应、不符合的问题，尤其是税收执法规范化程度不高，执法不严、随意执法、选择性执法现象在一些税务机关依然不同程度地存在。税务部门推行行政执法三项制度，从源头、过程、结果加强对税收执法行为的监督，对实现严格规范公正文明执法具有整体性、基础性、突破性带动作用，是破解税收执法难题、全面提高依法治税水平的一把"钥匙"。

（二）促进税务机关严格规范公正文明执法，加快建设法治税务

税务机关是重要的行政执法机关，征税权力是关系纳税人和人民群众切身利益的重要行政权力，税务机关在征收管理过程中需要行使行政征收、行政许可、行政检查、行政处罚等各种行政权力，严格依法行使这些权力是贯彻依法治国方略、全面依法治税的本质要求，是法治税务建设的应有之义。行政执法三项制度作为完善行政执法程序的重要举措，着重从透明、规范、合法三个方面对行政执法活动进行规制，旨在以程序正义保障实体公正。税务机关开展行政执法三项制度试点，采用公开的办法、全过程记录的手段、法治审核的措施，让税务机关的执法权力在阳光下运行，使税务机关的执法行为被记录、"看得见"、"可回溯"，让每一起重大税收执法决定接受合法性审查，将有力促进税务机关严格规范公正文明执法，为保证税收执法活动始终沿着法治轨道运行、在更高层次更高水平全面推进依法治税提供更加有效的制度支持、更加有力的程序保障。

（三）发挥税收职能作用维护纳税人合法权益

税务机关组织税收收入、调控宏观经济、调节收入分配的职能作用需要通过严格实施税法来实现；同时，税收执法是一柄"双刃剑"，如果不能做到依法严格规范公正，一方面会损害国家税收利益，另一方面可

能侵害纳税人合法权益。税务机关只有严格按照规定的权限和程序依法征税，做到严格规范公正文明执法，才能充分发挥税收职能作用，有效保护纳税人正当权益。行政执法三项制度旨在以严密的程序规范保证实体规定得到贯彻执行和严格落实，保障和促进行政机关依法履职尽责。税务机关开展行政执法三项制度试点，公开税收执法主体、职责、依据、权限、程序、监督方式、救济渠道和相关税收执法结果；对税收执法行为进行文字和音像记录，实行全过程留痕；对重大行政处理决定、重大行政许可决定、重大行政处罚决定等税收执法决定进行法制审核，将强化对税务机关权力运行的制约和监督，促进税务机关依法严格履行职责，更好保障纳税人的知情权、参与权、表达权、监督权。

（四）推进税务机关"放管服"改革，优化税收法治环境

税收是影响市场主体投资决策和生产经营活动的重要因素，税务机关深化"放管服"改革是推进供给侧结构性改革的重要内容之一。税务机关"放管服"改革与税收行政执法是一个事物的两个方面，取消或者下放税务行政审批事项、加强事中事后管理、优化纳税服务，同时就是严格执行税收法律法规规章和税收规范性文件的过程，税务机关严格规范执法是对纳税人最好的管理，税务机关公平公正执法是对纳税人最好的服务。行政执法三项制度旨在保障和监督行政机关依法有效履行职责，促进行政执法公开透明、合法规范，与"放管服"改革相辅相成、相得益彰。税务机关开展行政执法三项制度试点，完善并公开纳税服务规范、税收征管规范相关事项等执法流程和服务指南，公示税务行政许可决定、行政处罚决定信息，公布重大税收违法案件信息和"双随机"抽查情况及查处结果，发布欠税公告，对税收执法行为进行全过程记录并加强记录数据信息的统计分析，对重大税收执法决定实行法制审核，将进一步推进税务机关"放管服"改革，优化税收法治环境，更好改善营商环境，更好服务经济社会发展。

三 对实现法治政府建设目标的意义

税收执法是税务机关实施法律法规、履行法定职能、管理经济社会事务的主要方式。税收执法规范化水平直接关系税务机关依法履行职责任务的能力和实施税法的有效性，事关经济社会秩序稳定和纳税人的切身利益，事关税法权威和公平正义，事关税务部门的形象和公信力。

（一）通过行政执法三项制度进一步提升税务机关执法水平，确保税法得以全面正确实施

税务机关作为行政机关，是实施法律的重要主体，税收执法是税务机关履行政府职能、管理经济社会事务的主要方式，税务机关必须严格执法，维护公共利益、人民权益和社会秩序。全面推行行政执法三项制度，公示执法信息、规范执法过程、审核执法决定，实现严格规范公正文明执法，进一步推进税收法治建设，提高法治政府水平。

（二）通过行政执法三项制度重点规范税收执法的三个关键环节，保证税收执法程序正义

执法公示制度把执法信息公之于众接受监督，从源头上保证执法行

为的透明；全过程记录制度把行政执法过程进行留痕化管理，从过程上保证执法行为的规范性；法制审核制度坚守合法性底线，从结果上保证执法行为的公正性。行政执法三项制度把税收执法行为的三个关键环节作为突破口，从基础上改进执法方式，通过程序正义促进实质正义的实现。

（三）通过行政执法三项制度提升税务部门法治供给能力，落实法治政府要求

我国社会主要矛盾已经转化为人民日益增长的美好生活需要和不平衡不充分发展之间的矛盾，人民对民主、法治、公平、正义、安全、环境等方面的要求日益增长。对行政执法质量的要求不断提高，税收执法行为直接面对纳税人，影响纳税人切身利益。推行行政执法三项制度就是要从整体上实现严格规范公正文明执法，让税收执法行为接受纳税人监督。同时，通过行政执法三项制度探索集成权责清单、规范行政裁量权、内部控制制度、公职律师和法律顾问制度等制度机制的方式方法，以行政执法三项制度为抓手，不断改进工作和服务水平，整体提高税务机关执法水平和制度供给质量，努力打造职能科学、权责法定、执法严明、公开公正、廉洁高效、守法诚信的法治税务机关。

四　受益者及其受益的情况

税务系统开展行政执法三项制度试点工作以来，对税务机关、纳税人和营商环境都起到了积极作用，取得了良好的效果，制度红利得到多方共享、广泛普及。概括来说，通过行政执法三项制度试点工作，促进了税务机关依法履职、规范执法，切实提升了纳税人获得感，营造了良好的营商环境，助推经济有序发展。

一是有力促进严格规范公正文明执法，打造了阳光税务、规范税务、

法治税务。通过推行行政执法三项制度，采用信息公开的办法、全过程记录的手段、法制审核的措施，以严密的程序规范保证实体规定得到贯彻执行和严格落实，让税收执法权力在阳光下运行，使税收执法行为被记录、看得见、可回溯，让每一起重大税收执法决定接受合法性审查，提高了税收执法活动的"能见度"、"透明度"，保证了税收执法始终沿着法治轨道运行。行政执法三项制度给税务人员戴上了"紧箍咒"，划下了"标准线"，确立了"新思维"，强化法治观念、严格自我约束成为思想自觉，依法履职尽责、按照权限程序行使权力成为行动自觉，自我加压学习、主动提高质量的风气逐渐浓厚。

二是有力维护行政相对人合法权益，增强了纳税人满意度和税法遵从度。推行行政执法三项制度后，广大纳税人普遍反映，知情权、参与权、表达权、监督权得到了更好保障，到税务机关办税更放心、更舒心、更顺心。在 2017 年纳税人满意度调查中，试点实施单位综合满意度达到 87.19 分，同比提高 1.69 分。其中，税收执法程序规范满意度 92.04 分，同比提高 3.53 分；税收执法结果公正满意度 91.27 分，同比提高 3.06 分；依法征税工作满意度 91.86 分，同比提高 2.96 分。据统计，2017 年试点单位受理复议案件 208 件，同比下降 22.6%；复议维持率 72.2%，同比提高 3.5 个百分点。行政诉讼案件 154 件，同比下降 36.4%；胜诉率 95.5%，同比提高 1.7 个百分点。税收执法投诉 2799 件，同比下降 6.8%。

三是有力推进"放管服"改革，改善营商环境，助推经济有序发展。各试点单位以行政执法三项制度试点为契机，在简政放权上做好"减法"，着力公开权力责任清单、规范表证单书标准、优化业务流程，最大限度规范税务人、最大限度便利纳税人；在后续管理上做好"加法"，着力推进执法全过程记录、重大执法决定法制审核，进一步强化依法管税、优化综合管税、深化信息管税，做到放权不放任、放而有序、管而有力；在优化服务上做好"乘法"，着力推进执法公示全覆盖、执法过程全记录、重大执法决定全审核，有效促进纳税服务规范化、便利化，维护纳税人合法权益，营造法治化营商环境，推动经济社会持续健康发展，地方党政领导先后 10 次批示肯定税务机关行政执法三项制度试点工作。

岳阳市生态法治建设的制度创新与实践项目申报表

岳阳市人民政府法制办公室

一　主要内容

生态法治，即生态文明建设工作的法治化和规范化，是法治理念在生态文明建设领域中的具体体现和贯彻实施。近年来，为践行习近平生态文明思想，落实长江经济带"共抓大保护、不搞大开发"要求，作为拥有 163 公里长江岸线和洞庭湖 60% 以上水域面积的岳阳，积极发挥湖南融入长江经济带的"桥头堡"作用，坚持生态优先绿色发展，把生态文明建设纳入法治化轨道，坚持生态科学立法、严格执法、公正司法同步推进、无缝对接，进行了一系列制度创新，用最严格制度、最严密法治保护生态环境，以生态环境治理留住绿水青山，用绿色发展赢得金山银山。岳阳市先后荣获国家历史文化名城、国家卫生城市、国家园林城市、全国绿化模范城市、全国文明城市、中国观鸟之都、最值得驻华大使馆向世界推荐的中国生态城市等诸多称号。

（一）坚持高位统筹，精心绘制生态法治建设蓝图

谋先事则昌，事先谋则亡。岳阳市委、市政府历年来高度重视生态法治建设，将其作为生态文明建设的重要抓手，把生态文明建设摆在发展全局的突出位置，通过市委理论学习中心组等多种形式，深入学习贯

彻习近平生态文明思想，如 2018 年 9 月 28 日，市委理论学习中心组 2018 年第八次集中（扩大）学习，邀请生态环境部环境与经济政策研究中心副主任裴晓菲作"学习贯彻习近平生态文明思想，坚决打好污染防治攻坚战"主题讲座，进一步提高了政治站位，切实把思想和行动统一到党中央、国务院关于生态文明建设的决策部署上来，持续推进生态文明制度体系建设。2016 年来，市委常委会议、市政府常务会议共研究生态法治和生态文明建设议题 20 余次，出台《中共岳阳市委关于推动长江经济带生态优先绿色发展的决议》《岳阳市长江经济带生态优先绿色发展行动方案》《中共岳阳市委岳阳市人民政府关于加快绿色发展建设生态强市的实施意见》《岳阳市生态环境保护"十三五"规划》等纲领性文件，坚持以生态法治提升生态文明，牢固树立"绿水青山就是金山银山"的理念，全面吹响生态优先绿色发展"进军号"，久久为功，坚定不移将一张蓝图绘到底。

（二）坚持立法先行，科学构建特色生态法规体系

小智治事，中智治人，大智立法。岳阳市自 2015 年 12 月正式获得地方立法权以来，注重发挥立法的引领和推动作用，将生态文明立法作为首选课题，突出地方特色，深入调研，掌握市情，找准生态文明建设的切入点和突破口，在立法层面提出行之有效的举措，为生态文明建设提供坚强法制保障。已出台的 2 部地方性法规和 1 部政府规章，均从不同角度对生态文明建设作出规范，《岳阳市城市规划区山体水体保护条例》为充分发挥岳阳江湖交汇、山水交融的优势，就如何对城市规划区内山水格局进行整体管控、分级保护作出规定；《岳阳历史文化名城保护条例》针对岳阳千年历史文化资源的保护建章立制；《岳阳市城区禁止燃放烟花爆竹管理办法》为解决烟花爆竹燃放带来的严重大气污染问题，在城区全面禁止燃放烟花爆竹。同时，为加强"长江之肾"的保护，《岳阳市东洞庭湖国家级自然保护区条例》已进入立法程序，并已经岳阳市人大常

委会三次审议通过，待湖南省人大常委会批准后即可颁布实施；此外，还有《岳阳市铁山水库饮用水水源保护条例》等多个生态文明立法项目纳入立法计划，具有岳阳特色的生态文明法规体系初步形成。

（三）坚持执法从严，切实维护生态环境监管秩序

天下之事，不难于立法，而难于法之必行。岳阳市强化生态法治权威做到了"实打实"压紧责任、"点对点"专项整治、"硬碰硬"铁腕执法等多管齐下。

1.突出责任，履行环保职责有担当。出台《岳阳市环境保护工作责任规定（试行）》《岳阳市一般及较大环境问题（事件）责任追究办法（试行）》和《岳阳市人民政府办公室关于加强环境监管执法的实施意见》，进一步明确和落实各级各部门的环境保护工作责任，建立"党政同责、一岗双责、齐抓共管、失职追责"的责任体系，定期开展市级环保督查，严格从严追责问责，对生态环境问题查、整、改不力的干部从严问责、终身追责，2016年以来，共计约谈、问责230余人。在全市全面实施"河长制""湖长制"，实现市县乡村四级河（湖）长全覆盖，做到河（湖）长巡河（湖）常态化、制度化。在平江县首推"山长制"，实现"山有人管、树有人护、责有人担"，有效保护森林生态，平江县于2018年被授予"中国天然氧吧"称号。

2.突出学法，提升法治思维有实效。建立市政府常务会议学法制度，将会前学法列入市政府常务会议固定议题，并以生态文明法律法规为重点学习内容，如：2018年6月29日，市政府第17次常务会议学习了《中华人民共和国水污染防治法》，通过领导干部带头学法，在进一步增强领导干部生态法治意识的同时，促推全市国家工作人员学法热潮，开辟了巴陵名师讲堂等一批学法阵地，如：2018年5月11日，邀请深圳大学副校长、宪法与行政法学专家黎军教授作客巴陵名师讲堂，以"新时代法治政府建设"为主题为我市领导干部和国家工作人员作专题讲座，切

实提升运用法治思维和方式解决生态环境保护问题的能力。

3. 突出问题，整治生态环境有作为。一是依法治"气"还一片蓝天。推行大气污染防治特护期制度，特护期内，在加强大气污染防治工作常态化的基础上，针对不利气象条件，进一步加大工作力度，加强区域协同，通过分时段、有侧重的严管、严查、严考、严惩等防控措施，有效防止或减少重污染天气的出现。出台《岳阳市机动车排气污染防治暂行办法》，切实防治机动车排气污染。严格落实《岳阳市城区禁止燃放烟花爆竹管理办法》，依法查处违法燃放烟花爆竹的行为，全市空气质量明显好转。二是依法治"水"护一江碧水。严格水体保护，率先启动国家公职人员违规参与涉砂等 6 类经营性活动专项整治行动，集中清查公职人员 1148 名，均按规定处理到位；深入开展违规使用长江岸线资源、长江干线非法码头等专项整治，全面暂停洞庭湖区河道采砂，取缔非法砂石堆场、码头 256 个，查获非法采运砂船只 36 艘；扎实推进湘江保护与治理"一号工程"、洞庭湖水环境综合治理五大专项行动等，实现县城以上城镇污水处理设施全覆盖，所有园区均已配套建设工业污水集中处理设施。三是依法治"土"守一方净土。严格山体保护，严厉查处违法开山、采矿行为；推行农村"空心房"整治 +N 模式，将"空心房"整治与宅基地三权分置改革试点、规范村民建房、常见低效用地整治等工作相结合，紧扣"拆、建、管"，切实做到以拆促建、以建促拆，集约节约用地，优化社会治理。从 2017 年正式启动至今，全市共整治"空心房"面积 729 万多平方米，腾出土地 3.3 万亩，其中用于城乡建设用地"增减挂钩"约 7000 亩，建设集中建房点 300 个；完成退出复耕约 1.3 万亩，其余土地"宜林则林、宜湿则湿"，既改进了耕地占补平衡，又推动了全域生态修复、农旅产业融合。

4. 突出联动，推动"两法衔接"有合力。在湖南省率先出台《关于深化公安、环保部门环境执法联动的指导意见》，将公安、环保联动执法制度化、规范化。深入推动环境保护行政执法与刑事司法衔接工作，健全完善法院、检察院、公安、环保及相关行政机关的联席会议、信息交流、线索移送、案件通报、个案会商等工作机制，确保执法司法信息及时互通，切实解决联而不合、通而不畅、商而不定等制约"两法衔接"的短板问题。

5. 突出重点，保护重要区域有力度。切实加强对湖南东洞庭湖国家级自然保护区等生态功能重要区域的管理和保护力度，创新管理方式，对湖南东洞庭湖国家级自然保护区核心区实施封闭管理，该管理模式被国家林业局、世界自然基金会（WWF）列入长江流域湿地保护的十大经典案例。重拳出击、铁腕施治，近年来，先后查处毒杀保护动物案件 31 起，收缴狩猎枪支 28 支，移送司法机关 22 起，刑事处罚 16 人，治安处罚 15 人，行政处罚 11 人，保护区非法狩猎问题得到了根本整治。扎实推进生态环境整治，保护区生态环境质量明显改善，2017—2018 年度，东洞庭湖七个水质监测断面达标率由 76.2% 提升到 85.7%，栖息候鸟数量达 22 万余只，列近 10 年之最，有"水中大熊猫"之称的长江江豚种群数量持续增加，自然野化麋鹿成为稳定的东洞庭湖亚群。探索多元化生态保护补偿机制，2014 年，保护区实施了我国首批生态效益补偿试点工作；2017 年来，针对保护区候鸟、麋鹿等野生动物致害农作物的情况，岳阳市君山区林业部门与保险公司达成野生动物致害责任保险试点项目服务协议，通过商业保险弥补野生动物致害农作物的损失，谱写了人与自然和谐相处的美丽篇章。保护区先后被国家林业局、教育部、团中央联合授予"国家生态文明教育基地"，被世界自然保护联盟（IUCN）评为全球首批 23 块绿色保护地之一，被誉为"拯救世界濒危物种的希望地"、"人与自然和谐相处的典范"。

（四）坚持司法保障，坚强有力护航生态文明建设

生态司法是生态环境治理体系的重要环节，岳阳市坚持以强有力的司法保障守护绿水青山、捍卫生态底线。

1. 积极推动环境资源案件专业审判。岳阳市中级人民法院设立环境

资源审判庭，推行环境资源刑事、民事、行政案件归口审理和专业化审判；君山区人民法院组建洞庭湖环境资源法庭，实行洞庭湖流域环境资源案件跨区域管辖。全市两级法院积极发挥环境资源审判职能作用，严厉制裁和惩处生态环境违法犯罪行为，多个案件获最高人民法院充分肯定，如岳阳楼区人民检察院诉何建强等非法杀害珍贵、濒危野生动物罪、非法狩猎罪刑事附带民事诉讼案 [(2015) 楼刑一初字第 291 号]，临湘市壁山新农村养猪专业合作社诉临湘市环境保护局环保行政处罚案 [(2015) 临行初字第 7 号] 等被最高人民法院作为环境资源典型案例发布。

2. 积极支持检察机关提起公益诉讼。以市委办、市政府办名义出台《关于切实加强检察机关公益诉讼工作的通知》，成立湖南省首个公益损害与诉讼违法举报中心，设立 11 个驻环保部门检察室，实现市县检察机关对生态环境保护领域的全覆盖，大力支持检察机关依法开展生态环境保护公益诉讼工作，充分发挥其对生态环境保护行政机关违法行使职权或不作为的监督，促进依法行政。从 2017 年 7 月 1 日公益诉讼工作全面铺开至今，全市检察机关共办理各类生态环境保护公益诉讼案件 78 起，发出诉前检察建议 48 份，督促关停和整治造成环境污染的企业和养殖场 43 家、排污口 29 个；督促治理恢复被污染水源地 4940 余亩；督促清除有毒有害废物 516 吨。

二 项目意义

（一）生态法治是法治政府建设的重要组成部分

生态法治是法治政府建设关于生态文明建设的核心内容，通过对生态法治的探索，充分发挥出法律制度对生态环境治理的关键作用。生态法治的进步有助于以局部之力带动整体法治政府建设的高效发展，彰显法治政府建设的最新动态和创新能力。

（二）生态法治是生态文明建设的坚强法治保障

建设生态文明是一场涉及生产方式、生活方式、思维方式和价值观念的革命性变革。实现这样的根本性变革，必须依靠法治。我国生态环境保护中存在的一些突出问题，大都与体制不完善、机制不健全、法治不完备有关。只有将生态文明建设建立在法治的基础上，坚持依法推进，不断完善生态文明法律法规，着力破解体制机制障碍，以法治手段严守生态环境，完善生态环境监管制度，才能推动生态文明建设，才能有力保障长江经济带绿色发展。

三 项目受益者及其受益情况

建设生态法治，推进生态文明建设，为岳阳市长江经济带生态优先绿色发展行动保驾护航，实现了经济社会发展与生态环境保护协调统一，让岳阳市 570 多万常住居民，让长江流域居民乃至全国人民，在享受经济发展带来的物质成果的同时，共享生态红利。

四 项目获得的荣誉

2017 年,岳阳市成为全国"执行新《环保法》4 个配套办法情况较好"的 10 个地市之一，获环保部通报表彰;2018 年,《法制日报》《湘府法治》等中央、省级报刊媒体重磅推介了生态法治建设的岳阳实践。

江宁区房屋征收法务专员制度

南京市江宁区人民政府法制办公室

一　主要内容

为了加快推动经济建设和社会发展，使得城市建设的硕果更多更好地惠及于民，江宁区人民政府法制办公室大胆创新，积极探索，主动应对日益繁杂的征收难题，建立了由街道一线骨干带队，征收业界精英把关，法律团队谈判推进，项目单位资金保障的房屋征收法务专员制度，并在实践中不断发展和完善其独有的工作原则、组织设置和运行机制。目前，区政府法制办已根据全区征收实际情况向各街道派送了法务专员，辐射范围涉及 129 个社区居委会、72 个社区村委会。随着房屋征收法务专员制度的推行，征收程序变得更为规范，信访矛盾得到较好化解，全区党员干部运用法治思维和依法办事能力显著加强，依法行政能力和水平大幅提升，充分实现了依法征收、规范征收、文明征收、和谐征收的目标。2018 年 1 月，江宁区房屋征收法务专员制度被江苏省全面推进依法行政工作领导小组评为"2017-2018 年度江苏省依法行政示范项目"。

（一）工作原则
1. 依法征迁、规范操作
区政府法制办根据征收项目实际需要，在全市范围内，以订立房屋征收法律服务四方协议的形式遴选法务专员团队，法务专员团队以法律、

法规、政策为依据为派驻街道提供各项征收法律服务，确保征收程序规范到位，依法阳光征迁。

2．四方联动、合力攻坚

区政府法制办负责房屋征收法务专员团队的日常管理；房屋征收法务专员团队负责提供与征收相关的各类法律服务，全程跟踪征收项目并形成档案备查；街道负责为房屋征收法务专员团队的日常工作提供履职便利；项目单位负责为房屋征收法务专员团队的日常履职提供资金保障。

3．以人为本、高效稳定

法务专员团队坚持以人为本的工作原则，在实践中充分发挥其专业优势，一方面规范征收程序，充分保障被征收人的合法权益；另一方面不断创新工作方法，做到以法服人，以理劝人，以情动人，将征收矛盾消弭在萌芽之中，积极维护社会的和谐稳定。

（二）组织设置

区政府法制办充分考虑服务对象和服务内容的特殊性，工作开展的及时性和便捷性，精心挑选、严格把关，在全市范围内以订立房屋征收法律服务四方合同的形式遴选法务专员团队并成立房屋征收法务工作组（设在依法行政指导科），由 2 名政治素质高、专业能力强的工作人员专门负责法务专员团队的日常管理。

（三）运行机制

房屋征收法务工作组由区政府法制办依法行政指导科负责日常管理，对区政府法制办负责。区政府法制办根据全区征收项目的实际情况为各街道派遣法务专员团队，以提供与征收相关的各类法律服务；法务专员团队对所涉征收项目进行细致周密地跟踪把关并形成相关档案备查；征收项目所涉街道为法务专员团队的日常履职提供各类便利条件；项目单位为法务专员团队的日常履职提供资金保障；法务专员团队的工作业绩由区政府法制办牵头，会同区征收办、各派驻街道及项目单位共同予以考评。

（四）履职保障

1. 强化组织领导

建立协调推进机制，由区政府法制办牵头，不定期主持召开重大征收涉法问题工作推进会，由区征收办、各派驻街道、项目单位与法务专员团队共同对征收过程中所涉的疑难复杂问题进行研讨，从而高速推进各个征收项目。

2. 狠抓队伍建设

加强学习培训机制，由区政府法制办牵头，定期开展党性教育与专业培训，帮助法务专员团队吃透政策，从而提供具有针对性、实效性的法律服务，确保动迁的各个环节做到依法依规、公平公正、阳光透明，永葆党的为民服务本色。

3. 严格督查考核

完善工作考评机制，由区政府法制办牵头，会同区征收办、派驻街道与项目单位共同对法务专员团队的各项工作进行考核；派驻街道与项目单位对法务专员团队的日常工作进行考核后将相关考核意见提交至区政府法制办，由区政府法制办征求区征收办的意见后，最终对法务专员团队的总体工作进行考评，确保行政案件败诉率为零（因各类法外因素导致败诉的除外）。

二　发起的动因和背景

"坚持依法治国、依法执政、依法行政共同推进，坚持法治国家、法治政府、法治社会一体建设，不断开创依法治国新局面"是十九大以来我党对实施依法治国基本方略的新要求，也是党中央在新时期开展法治建设工作的新目标。

江宁区人民政府法制办公室以党的十九大及习近平总书记系列重要

讲话精神为引领，以《国有土地上房屋征收与补偿条例》、《中华人民共和国土地管理法》、《中华人民共和国物权法》、《中华人民共和国律师法》等法律法规为依据，围绕"两聚一高"主题，突出"五个工作主抓手"，落实"十项行动计划"，按照《江宁区 2017 年房屋征收工作提速十大措施》相关要求，通过房屋征收法务专员制度的实行，加大房屋征收工作推进力度，确保房屋征收工作依法高效实施，全力保障经济社会发展与区域和谐稳定。

三 对实现法治政府建设目标的意义

（一）提高政治站位，着力为民服务

由区政府法制办代表区政府对房屋征收法务专员团队进行业务指导和日常管理，一方面提升了房屋征收法务专员团队的政治站位；另一方面确保了法律服务工作彰显我党为人民服务的宗旨。

（二）规范征收程序，促进依法行政

由具有丰富工作经验和深厚理论素养的律师队伍为征收工作问诊把脉，一方面提升了政府部门依法行政的能力和水平；另一方面有利于实现征收领域的程序正义，充分保障被征收人的合法权益。

（三）减轻财政负担，积极反哺社会

由项目单位为房屋征收法务专员团队的日常履职提供资金保障，一方面减轻了地方政府的财政负担；另一方面发挥了项目单位积极投身基层社会治理、反哺社会的示范作用。

（四）形成多方合力，促进区域稳定

由政府部门和社会力量共同参与，以四方联动的形式推进征收工作，

一方面赋予了律师队伍参与国家社会治理的神圣使命,有利于钝化信访矛盾,另一方面有助于推动形成全社会共同参与法治中国建设的新局面。

四 受益者及其受益的情况

受益者:江宁区 150 余万人民群众。

受益情况:以江宁街道和汤山街道为例,法务专员团队全程参与街道棚户区改造征收工作,就征收工作有关的法律问题提供法律咨询意见;参与起草、审查与征收工作有关的法律文书;参与与征收工作有关的谈判、会议;负责代理与征收工作有关的行政复议和行政诉讼、民事诉讼;协助办理征收裁决并参加案件执行。在法务专员团队的辛勤工作下,征收工作取得明显成效。截至 2017 年底,江宁街道集镇棚户区改造项目征收总户数为 739 户,其中已签约 723 户,签约率高达 97%;汤山街道路西社区万安村棚户改造项目被征收人共计 323 户,301 户已完成协议搬迁,签约率高达 93.5%。

随着房屋征收法务专员制度地有效实施,全区房屋征收工作全面提速,2017 年超额完成房屋征收 240 万平方米的目标,累计完成征收面积 262.48 万平方米,实际完成征收面积同比增长 204.9%。截至 2018 年上半年,全区共完成房屋征收面积约 155.26 万平方米(同比增长 466%),约占全年目标任务总量的 52%;累计完成丈量约 165.8 万平方米;累计实现资金兑付 24.85 亿元。

房屋征收法务专员制度的推行,一方面强化了全区党员干部的法治意识,使得依法行政、建设法治政府理念深入人心;另一方面提升了江宁区的城市形象,提高了辖区内老百姓的生活品质。使得广大人民群众切实享受到了城市发展的累累硕果,真正实现了经济社会发展的巨大成果必须惠及于民、与民共享的改革目标。

以负责人出庭应诉为重要抓手
助推法治政府法治社会一体建设

——武汉市行政机关负责人出庭应诉

武汉市人民政府法制办公室

　　行政机关负责人出庭应诉制度是全面推进依法行政、建设法治政府的重要举措，既有利于增强行政机关负责人依法行政的法治思维意识和能力，也有利于及时发现和纠正行政机关在行使权力过程中存在的问题，促进行政争议及时有效化解。为贯彻落实行政机关负责人出庭应诉制度的有关要求，近年来，武汉市大力推进行政机关负责人出庭应诉工作，在市领导的强力推动、全市各级行政机关的共同努力和司法机关的积极支持下，武汉市行政机关负责人出庭应诉率大幅提升，出庭应诉质量明显提高，取得了良好的社会效果。

一　工作背景

（一）确保新修订的《行政诉讼法》全面实施的客观要求

　　在当前全面深化改革和推进依法治国的大背景下，行政机关负责人出庭应诉制度载入新《行政诉讼法》，成为最基本的诉讼制度之一。行政机关负责人出庭应诉制度摒除了原有的鼓励性和倡导性的性质，使各级行政机关负责人出庭应诉成为应当履行的法律义务。据统计，2014 年全市行政诉讼开庭审理案件 1290 件，行政机关负责人出庭 8 次，出庭应诉率仅为 0.62%，与全面依法行政、加快建设法治政府的要求相比存在较大差距，行政机关负责人出庭应诉工作亟待改进。

（二）扭转"信访不信法"现象的实际需求

中国历史上的"人治"观念仍顽固地扎根在群众的思想中，使得群众习惯于通过行政手段解决纠纷，"信访不信法"现象仍然普遍存在。群众选择信访的根本原因是为了引起领导重视，向承办人施加更大压力，认为只有领导重视，问题才能得到解决。通过行政机关负责人出庭应诉，能够让群众与领导直接对话，"告官能见官"既符合行政相对人想要找领导找上级直接反映情况的诉求，也能让人民群众真切感受行政机关自觉接受监督、平等参加诉讼的诚意，引导行政相对人通过法律途径解决矛盾争议，有助于改变"信访不信法"的现象。

（三）构建司法审判与行政执法良性互动机制的现实需要

行政机关不能按照规定积极出庭应诉，不仅可能加剧与民众的对立冲突，也会伤及法律尊严和司法权威。在"民告官"案件中，往往由于行政机关负责人缺席庭审，行政机关委托代理人或工作人员无法当场"拍板"，以致错过化解矛盾的最佳时机。行政机关对于原告方的合理诉求和调解意愿不够重视，没有积极跟进，对人民法院和主审法官的司法建议不够重视，导致行政机关败诉屡屡发生。

二　主要措施

（一）抓合力，促工作格局形成

一是市长亲自抓部署。自 2015 年起，时任市长万勇多次在主持市政府常务会议时强调各单位要认真落实行政机关负责人出庭应诉工作的有关要求，先后五次在有关出庭应诉情况通报上签批诸如"进步很大，望坚持下去"、"巩固势头，再接再厉"等意见，并在全市法治政府建设领导小组会议上将行政机关负责人出庭应诉工作作为专门议程进行研究，并要求工作落后单位主要负责人当场表态发言。2018 年 8 月，现任市长周先旺主持召开市政府常务会议专题研究行政机关负责人出庭应诉工作，要求全市各级行政机关进一步组织好行政应诉工作，做到有诉必应；要严格规范执法，做到有法必依；要强化检查考核，做到有责必究。同时他表示将带头履行行政机关负责人出庭应诉工作职责，在全市做好示范表率。

二是分管市领导重点抓统筹。2017年9月，市政府秘书长刘志辉主持召开推进全市行政机关负责人出庭应诉工作专题会议，亲自签批每期全市行政机关负责人出庭应诉工作通报。2018年以来，市委常委、市政法委书记曹裕江每个季度均召集市政府法制办、市中级人民法院等有关单位召开行政机关负责人出庭应诉工作调度会，点评工作进展，表扬先进单位，鞭策落后单位，强化工作措施。

三是各区政府、市政府各部门主要负责人具体抓落实。各区政府、市政府各部门均明确行政机关负责人为案件第一责任人，法制机构全程追踪督办开庭案件，有些单位还自行出台了"刚性规定"，如要求每月通报上月行政机关负责人出庭情况、负责人出庭应诉率要达到100%等。部分单位"一把手"还以身作则，亲自带头出庭应诉，如江汉区政府、硚口区政府、市司法局、市人社局、市国土规划局、市工商局、市审计局、市不动产登记局等单位的主要负责人均积极出庭应诉。

四是市委法治办、市政府法制办和市中级人民法院通力协作。市委法治办负责确定行政机关负责人出庭应诉率考核指标，部署考核任务，市政府法制办和市中级人民法院负责联合推进各区各部门行政机关负责人出庭应诉率的落实，统一界定行政机关负责人的范围，记录汇总全市各级行政机关负责人出庭情况，定期向市委法治办进行反馈，按季度发布依法行政目标完成情况，表扬先进，鞭策后进。

在主要领导亲自抓，分管领导重点抓，单位负责人具体抓，一级抓一级，层层抓落实，各区政府、市政府各部门共同努力和法院的支持配合下，全市各级行政机关负责人出庭应诉齐抓共管的工作格局基本形成。

（二）抓培训，促应诉能力提升

为增强行政应诉能力，改进行政应诉工作机制，全面推进全市各级行政机关依法行政，市政府法制办会同市中级人民法院组织行政诉讼法专题培训4次，邀请市中级人民法院行政审判庭主审法官现身说法；市、区政府还不定期选择典型案例，组织行政机关负责人集中旁听行政诉讼案件开庭审理，累计共30场，通过在法庭现场零距离观摩体验，有助于行政机关负责人进一步了解法庭庭审流程和规则，把握住法院审查行政行为所关注的焦点，克服"拒诉厌讼"情绪，进一步提高各区各部门特别是行政机关负责人的法治意识和应诉能力。

（三）抓制度，促应诉活动规范

根据2015年新修订的《行政诉讼法》关于行政机关负责人出庭应诉的规定，武汉市于2015年4月30日及时出台了《武汉市行政机关负责人出庭应诉暂行规定》，对行政机关负责人出庭应诉的情形、最低限制和考核等相关问题作出了相应规定，同时将行政机关负责人出庭应诉工作纳入年度依法行政考核。

2018年，对照国务院办公厅、湖北省委省政府关于加强行政机关负责人出庭应诉的新要求，武汉市重新制定了《武汉市行政机关负责人出庭应诉规定》，明确了经复议的行政诉讼案件的负责人出庭规定，明确了6项行政机关正职负责人出庭应诉的情形，如因涉及国有土地上房屋征收、集体土地征用、重大安全责任事故、资源环境保护等引发的社会关注度高、社会影响重大的群体诉讼案件，对最高人民法院提审的重大案件和检察机关提起公益诉讼的案件等，规定对于未经法庭许可中途退庭，因未依法答辩、举证、应诉导致败诉，干扰、阻碍人民法院依法受理和审理行政案件，以欺骗、胁迫等非法手段迫使原告撤诉，拒不履行人民法院对行政案件的生效裁判文书以及出庭应诉活动中存在其他违法行为被人民法院发出司法建议要求纠正等 6 种情形将予以追责，同时增加了关于行政机关负责人出庭应诉具体工作要求、指导和监督的条款，明确将行政机关正职负责人出庭应诉情况作为年度全市依法行政工作考核的重点考核内容。

（四）抓督办，促措施到位

一是建立"三层督办"工作机制。对一个月未达到行政机关负责人出庭应诉率目标的单位由市政府法制办进行督办；对连续两个月未达标单位由市政府督查室督办；对连续三个月未达标单位由市治庸问责办督办。二是建立月度通报制度。市政府法制办强化与市中级人民法院的联系沟通，统一行政机关负责人出庭案件统计口径，按月交流互通全市各级行政机关负责人出庭应诉情况，按月度报请市政府办公厅对全市各级行政机关负责人出庭应诉情况进行通报，对完成情况不好的单位点名批评，累计印发通报 19 期。特别针对部分行政机关负责人出庭应诉责任心不强、准备不充分的情况，专门印发一期通报。公民柯某因不服洪山区人民法院一审判决向市中级人民法院提起上诉，该二审案件于 2018 年 6 月 22 日在市中级人民法院公开庭审，被告洪山区食药监局相关工作人员事前准备不足，对案情掌握不充分，分管负责人傅某迟到、全程未参与发言，被该案主审法官当庭点名批评。庭审后，市加强法治政府建设领导小组办公室在全市范围内对洪山区食药监局进行了通报批评。三是落实约谈督办机制。2018 年以来，市政府法制办先后对市人社局、市国土规划局、市不动产登记局三家未达到 70% 的出庭率目标的单位下达书面督办函，责令采取措施，积极出庭应诉，后对连续两个月未达标的市国土规划局和市不动产登记局的单位负责人进行约谈，经督办后上述单位的负责人出庭应诉率有较大增长，均超过了 80%。

（五）抓考核，促责任落实

武汉市完善了法治政府建设考核标准，将行政机关负责人出庭应诉工作落实情况纳入法治政府建设年度目标责任考核，规定全市各区各部门年度行政机关负责人出庭应诉率应达到 75%，并将考核目标的完成情况与各单位领导班子的履职考核和单位的评先评优挂钩，对年终考核不达标的单位及相关责任人员还要依照有关规定进行责任追究。

三　主要成效

（一）"告官不见官"现象显著改变

自 2015 年制定《武汉市行政机关负责人出庭应诉暂行规定》并将行政机关负责人出庭应诉率纳入考核目标以来，通过大力推进行政机关负责人出庭应诉工作，全市各级行政机关负责人出庭应诉率逐年显著提升。据统计，2015 年全市开庭审理案件数为 1705 件，行政机关负责人出庭

103 次，负责人出庭应诉率约为 5%；2016 年开庭审理案件数为 1177 件，负责人出庭 531 次，出庭应诉率约为 45%；2017 年开庭审理案件数为 1642 件，负责人出庭 1386 次，出庭应诉率约为 84.5%；2018 年 1－8 月开庭审理案件数为 911 件，负责人出庭 864 次，出庭应诉率达到 94.8%，近三年来行政机关负责人出庭应诉率增长了 173 倍。

（二）应诉质量明显提升

通过推进行政机关负责人出庭应诉工作，能够促使行政机关积极应对行政诉讼，切实提高行政应诉的工作质量，做到答辩形式规范、说理充分，提供证据及时、准确、全面，庭审辩论紧扣案件焦点，观点明确不脱离主题。据统计，2017 年全市行政诉讼案件败诉率较 2016 年下降了 12.9%。2018 年 6 月，市中级人民法院发布《2016－2017 年全市法院行政案件司法审查报告》，对行政机关负责人出庭应诉在提高出庭应诉质量中发挥的作用给予肯定。

（三）"关键少数"的法治意识明显增强

行政机关负责人出庭应诉是接受法治思维训练和法治教育的最为有效的途径之一。通过推进行政机关负责人出庭应诉工作，切实增强了各级行政机关负责人的法治意识，切实领会了行政机关负责人出庭应诉工作对于全面推进依法行政、推动法治政府建设的重要意义，认识到行政机关负责人出庭应诉对于优化行政诉讼环境、促进行政与司法的良性互动、有效化解行政争议的重要作用。通过严抓全市各级行政机关负责人出庭应诉工作的目标考核和日常督办，督促全市各级行政机关提高切实负责人出庭应诉率，促使行政机关负责人实现从"要我出庭"到"我要出庭"的转变，行政机关以前怕当被告、不愿意出庭的心理明显改善。通过庭审实践，帮助领导干部充分学习相关法律规定，进一步锤炼和提升领导干部运用法治思维、法治方式妥善处理各种矛盾争议的能力，树立尊重法律、自觉接受监督、与原告法律地位平等的现代法治理念。

（四）行政争议得到有效化解

通过推进行政机关负责人出庭应诉工作，增进了行政机关和行政相对人的沟通交流，促进了矛盾纠纷的及时有效化解，妥善、实质地解决行政争议。部分行政机关负责人还亲自参与案件的协调，真正地从源头上化解了行政争议，促进法律效果与社会效果有机统一。据统计，2017年全市行政诉讼案件综合调解结案、撤诉率为12.37%。如市政府法制办、汉阳区、江汉区、武昌区等单位主要负责人均主动参与重大案件协调处理，多次直接与承办法官、原告沟通对话，促使多起案件协调化解。今年，在吴某不服武汉经济技术开发区军山街房屋拆迁安置补偿及市政府行政复议一案中，市政府法制办主要负责人出庭应诉，并在庭审中发表辩论意见。该案件实际并未涉及市政府工作职责，市政府作出的驳回行政复议决定并无不当，但在庭审中深入了解原告的部分合理诉求后主动表示愿意帮助当事人进行调解。经市政府法制办主动与军山街积极协调，彻底解决了吴某的拆迁安置补偿问题，该案也是通过负责人出庭应诉有效化解行政争议的众多实例之一。

（五）实现行政执法与行政审判良性互动

通过推进行政机关负责人出庭应诉，体现出被诉行政机关对法律的敬畏、对诉讼案件的重视、对法庭以及原告的尊重，通过法治推动下的公平正义缩短"民"与"官"之间的距离，体现了诉讼双方地位的平等，有助于促进行政权和司法权的良性互动，切实维护和提升司法权威，促进司法公正。同时，在市、区政府和人民法院间建立信息沟通共享机制，及时反馈行政机关负责人出庭情况，通过召开法制培训讲座加强业务交流，建立联席会议机制定期通报依法行政和行政审判工作开展情况，研究有关依法行政与行政审判工作的突出、重大和倾向性问题，进而通过司法监督提升依法行政水平，打造法治型政府。

（六）助推法治政府和法治社会一体建设

通过推进行政机关负责人出庭应诉工作，让行政机关负责人参与庭审，有助于行政机关负责人了解案情，更容易直接发现行政执法活动中存在的问题和不足，有助于提高相关行政制度建设质量和提高依法行政的能力和水平，有效规范日常行政执法行为；也有利于增强和改进执法人员的工作责任心和工作作风，切实做到严格执法，从源头减少矛盾纠纷；更有利于增强人民群众对法治的信心，对政府的信任，培育社会法治观念，推动法治政府建设，弘扬法治精神。如某区建设局负责人就当事人认为未履行法定职责一案出庭后，不仅妥善解决了当事人的诉求，同时对全区其他新建楼盘竣工验收严格执行审查标准，更加注重门窗质量审核，责令建设施工单位对不合规房屋及时修缮。该案真正实现了"出庭一件，规范一片"的目标。

为了防止行政机关负责人出庭应诉流于形式、走过场，避免变出庭为作秀和应付考核，必须严抓闭环管理，确保工作实效。一言以概之，就是应当做到五个"必须"，即负责人出庭前必须熟悉案情、负责人庭审必须出声、负责人对当事人的合理诉求必须积极回应、负责人对庭审发现的执法问题必须从源头规范、行政机关负责人出庭应诉情况必须作为

重要指标纳入目标考核。

　　下一步，武汉市将继续加大推进行政机关负责人出庭应诉工作力度，促使行政机关负责人出庭常态化、应诉规范化、成效显性化，以负责人出庭应诉为抓手，更大力度助推法治政府法治社会一体建设。

洛阳市城市生活垃圾处理费征收管理办法
修订及征收方式改革

洛阳市城市生活垃圾费征收管理中心

党的十八届四中全会提出了法治国家、法治社会、法治政府一体推进的要求，依法行政、建设法治政府是促进依法治国的关键词之一。十九大报告提出建设中国特色社会主义法治体系，要坚持依法治国、依法执政、依法行政共同推进，坚持法治国家、法治政府、法治社会一体建设。

健全重大决策机制，规范重大决策程序，通过立法规范决策程序，对于"四个全面"，特别是对于全面推进依法治国，其意义特别重大。洛阳市人民政府高度重视重大行政决策工作。近年来，我市先后出台了《洛阳市重大行政决策程序暂行规定》、《洛阳市重大行政决策目录》、《重大行政决策事项示范文本》等规范性文件，进一步明确了重大行政决策范围、规范了重大行政决策程序、提供了典型范例，使各项决策更加科学、规范，有效降低了决策风险。

一 基本情况

2002 年，国家发改委、财政部等 4 部委联合印发《关于实行城市生活垃圾处理收费制度促进垃圾处理产业化的通知》，按照"谁产生，谁付费"的原则，全面推行生活垃圾处理收费制度。洛阳市于 2006 年开征了城市生活垃圾处理费，明确居民户每月 5 元，采取人工上门方式征收。

规定运行十年来，有效提高了生活垃圾无害化处理水平，提升了公众的环保意识。同时也存在不少弊端，一是成本高、效率低。人工上门收缴占用大量人力资源，全市一线征收人员一度突破 500 人。二是征收率低。居民户缴费率长年在 20%—30% 之间徘徊，由于基础设施相对落后，传统居民区集中的老城区和瀍河回族区，征收率甚至不足 5%。

洛阳环洛再生能源有限公司

二 基本认识

我国正处于改革攻坚期、矛盾凸显期，经济转轨、社会转型、群众利益诉求多元化是社会的主要特征。虽然"谁产生，谁付费"已逐步成为社会共识，每月每户 5 元，数额也不大，但涉及每家每户利益，如没有充分征求意见就草率地决定随水费收取，极易让群众产生被收费、被强制的感觉，从而形成负面舆情，影响政府形象。所以，修订和改革工作必须严格按照十八届四中全会精神和法治政府建设的要求，扎实做好依法决策、科学决策、民主决策，才能确保群众意愿被充分尊重、群众利益被充分考虑，才能最大限度防止决策不当带来群众利益损害。

人工征收队伍一度突破500人

三　主要工作

1. 课题研究。为使城市生活垃圾处理费征收工作更加科学、严谨、规范，委托河南科技大学经济学院课题研究组，针对生活垃圾处理费征收方式优化，开展了专项课题研究，并形成研究成果，研究成果指出，生活垃圾处理费征收应遵循"认清现状，全面把握，确立标准，提高服务，严格制度，逐步完善"的原则，推广人性化征收，稳步推进自来水缴费平台代收工作实施，提升群众满意度，降低征收成本，提高征收率。课题研究成果为科学决策提供了理论支撑。

2. 公众参与。《办法》修订前，在洛阳电视台新闻聚焦栏目做专题访谈，宣传政策，征求意见。组织专业团队进行了1000户的入户问卷调查，精准摸清群众意见。《办法》草案初步形成后，在《洛阳晚报》开设专栏，以问答形式进行解读，征求意见；组织人大代表、政协委员、政风行风民评代表、市民代表以专题会议形式，征求意见。《办法》实施前，利用《洛阳日报》、《洛阳晚报》、市广播电台、电视台、移动公交电视、网络等媒体进行广泛宣传，深入了解社会反响。将公众参与融入工作的全过程，实现重大决策民主化。

3.相关部门意见协调。《办法》修订过程中，我们按程序向市发改委、财政局、水务局、交通局、房管局和洛阳北控水务集团有限公司共6家单位征求意见。对合法、合理的建议予以采纳，征收政策有分歧的，沟通后形成共识。

4.专家论证及社会风险评估。为有效降低社会稳定性风险，委托河南科技大学经济学院，对决策程序和决策事项可能影响社会稳定的因素，开展系统的调查，科学地预测、分析、论证和评估，制定风险应对策略和预案，有效规避、预防、控制重大事项实施过程中可能产生的社会稳定风险，确保重大事项顺利实施。

5.法律风险咨询。为最大程度降低《办法》实施中的复议和诉讼风险，维护政府决策权威，在重大决策程序之外，增加了法律风险咨询环节。我们在法定的重大决策程序之外，组织市法制办、中级法院、河南开物及九都律师事务所和有关部门的专家，召开了专题法律风险咨询会。与会专家对《办法》修订程序及条款的合法性、合理性、可操作性进行了论证，认为不存在法律风险，建议按程序批准后实施，实施中要做好宣传解释工作。

专家论证暨法律咨询会

6. 廉洁性评估。为有效把控廉政风险，提请市住建委纪检监察室组织对《办法》修订稿进行了廉洁性审查和评估。评估结论显示：修订草案未发现有行政机关或部门谋取不正当利益，符合廉政制度相关要求，修订后的征收方式有效降低了权力寻租风险。

7. 合法性审查。为确保《办法》修订程序的合法性，提请市政府法制办对《办法》修订稿进行了合法性审查，审查结果认为修订依据充分、程序严谨、合法有效。

四 项目绩效

1. 开展课题研究，夯实理论基础。城市生活垃圾处理费征收方式优化课题研究，围绕基本依据、思路和原则、城市生活垃圾处理费征收的基本状况及发展趋势、洛阳市城市生活垃圾处理费征收的现状和问题分析、国内典型城市生活垃圾处理费征收的实践与借鉴、洛阳城市生活垃圾费征收优化方案的设计、实施要点及政策建议六个方面展开为期一年的深入研究，课题研究结果为《办法》的修订打下了坚实的理论基础。

2. 依法依规决策，发挥示范作用。把公众参与、专家论证、风险评估、合法性审查、集体讨论决定贯穿于《办法》修订和改革实施始终，确保决策制度科学、程序正当、过程公开、责任明确。《办法》修订中，在拓宽群众有序参与立法途径，规范开展公开征求意见和公众意见采纳情况反馈机制，充分发挥各界组织在立法协商中的作用，引入第三方论证和评估等方面取得良好效果，得到了洛阳市全面推进依法行政工作领导小组办公室的充分肯定，列为《重大行政决策事项示范文本》典范案例，全市推广。《办法》修订程序和征收方式改革成功实施，也吸引了省内外十余个地市来洛考察学习，山西大同，河南开封、焦作、鹤壁，江苏泰州等地市，将《办法》修订程序和征收方式改革作为依法行政的范本参考和借鉴。

3. 广泛开展普法，提升群众认可。紧紧围绕相关法律法规政策，制定宣传方案，充分利用各媒体和渠道，深入厂矿、街道、社区、居民庭院广泛开展普法和政策宣传活动，一是制定群众关切的热点问题，制定切实可行的应对预案。二是针对 12319 城建热线和 9610001 供水热线进行政策培训，以应对群众诉求。三是通过党报（《洛阳日报》和《洛阳晚报》）分 2 次进行为近一个月的政策解读。四是设计印刷了 16 万份宣传册、5 万份宣传海报扩大宣传效果。五是通过洛阳电视台《新闻聚焦》《行风热线》及移动公交电视，进行为期二个月的生活垃圾处理费征收公益广告播出，扩大宣传覆盖面。六是通过微信公众账号进行征收政策推送，拓宽宣传渠道。七是出动 3500 余人次派驻洛阳北控营业厅，进行现场解答，有效地化解了社会矛盾。通过一系列的机制和措施，最终获得群众对生活垃圾处理费缴纳的理解、认可和支持。据统计，2017 年度共接到各种渠道关于生活垃圾处理费征收方面的法律、法规和政策咨询及诉求

560余条,占有效计费总户数的0.15%,均做到了条条有反馈,件件有档案,诉求人满意或基本满意率达到100%,没有发生一起群体性诉求案件。

4.政策保障有力,改革成效显著。按照新《办法》建设的生活垃圾处理费征收平台与自来水收费平台无缝对接,实现了生活垃圾处理费的缴纳由被动上门收缴转为主动交纳。同时银行、微信、支付宝等多元化的缴费渠道,极大地方便群众交费。新《办法》实行前的十年间,征收率一直徘徊在20%—30%,目前跃升至95%;基础设施相对落后,传统居民区集中的老城区和瀍河回族区,征收率由之前不足5%提升至92%以上。

5.提升社会效益,谋求多方共赢。习总书记提出,绿水青山就是金山银山。此次重大决策和改革的顺利实施,是践行习总书记重要讲话精神,改善人居环境质量的重要举措之一。通过立法和改革,进一步促进了"谁产生谁担责,谁产生谁付费"这一环保理念向纵深延展,征收率的提升体现了社会公平,扩大了政策的受众面,对提升全体市民的个人素质、减排意识、环保意识、文明意识、公共意识具有积极的推动作用,是贯彻落实党的十九大报告强调的:"倡导简约适度、绿色低碳的生活方式,反对奢侈浪费和不合理消费开展创建节约型机关、绿色家庭、绿色学校、绿色社区和绿色出行等行动"的重要途径。对加快生活垃圾无害化处理步伐、改善城市生态环境、促进可持续发展具有重要的意义。项目实施一年多来,未发生一起信访事件,未引起一起行政复议及行政诉讼案件。市民认同感大幅提升,改革平稳推进。

6.完善管理体制,降低廉政风险。为贯彻落实全面从严治党精神,有效降低廉政风险,我们改进了征收管理平台方案设计,主动开展了征收管理系统功能设计方案专家评审,实现了征收管理系统操作痕迹记录和管理,实现了文书送达全过程音视频留证。通过运用大数据管理,对征收过程中可能出现的利益输送和权力寻租等不正之风形成有效的监督,全面降低廉政风险。

7. 创新工作思路，探索制约机制。为了加强和完善制约机制，在市信用办和法制办的指导下，开展了失信惩戒工作方面的尝试，一是通过《洛阳日报》对拖欠生活垃圾处理费的行为将纳入失信惩戒进行了事先告知；二是通过征管中心微信公众号将失信惩戒信息进行了推送，扩大宣传效果；三是在缴费过程中，作为失信风险提示，对拒绝履行缴费义务的，发放诚信建设告知书；四是在征收法律文书中增加失信后果警示内容。实践的反馈信息证明，大多数欠费用户对被纳入失信后果产生敬畏，由拒缴变为主动缴纳，实践效果良好。我们将继续对实践效果进行跟踪、及时作出评价，为城市管理领域联合惩戒办法的出台提供决策参考。

8. 引领借鉴推广，示范效应显著。《办法》修订的工作程序及相关内容，被洛阳市全面依法行政工作领导小组办公室列为重大行政决策事项示范文本。洛阳市城市轨道交通建设工程、古城快速路建设工程、城市公立医院医疗服务价格改革、医疗行业行政事业性收费改革等重大决策，均参照本案例完成。泰州、大同、襄阳、济源、焦作、开封、鹤壁等省内外 10 余个地市来我市考察学习，业界同行认为该《办法》的修订和征收方式改革，体现了决策思路创新、工作方法创新、实施过程创新，破解了诸多难题，是新时期生活垃圾处理费征收改革的成功范例。

实践证明，打通立法机关和社会公众沟通渠道，开展立法协商，充分发挥政协委员、民主党派、工商联、无党派人士、人民团体、社会组织在立法协商中的作用，探索建立有关部门、社会团体、专家学者等对立法中涉及的重大利益问题论证咨询和风险评估，拓宽公众有序参与立法途径，广泛开展意见征求和公众意见采纳，充分凝聚社会共识，是践行依法治国和依法行政的重要举措，是实现科学立法的根本，是涉及群众利益重大决策的重要保障，是提高政府公信力和执行力的重要基础，对行政权力运行的监督和制约，推进依法行政，建设法治政府具有十分重要意义。项目实施一年多来，公众认同感逐步提升，社会和谐稳定。

打包一篮子法治资源　破解基层治理难题

——成都市双流区西航港街道法治建设委员会项目

四川省成都市双流区西航港街道办事处

法治建设委员会:党委领导,政府负责,社会协同,群众参与,智慧高效。

一年多前,我们面临一个问题。那就是当依法治省办、依法治市办、依法治区办的政策逐级下达,很多工作因无专人落实,最后都简单地安排到司法所身上,加上"信访不信法""弃法转访"等基层治理难题尚未破解,西航港街道基层法治建设陷入落实不力的困境。

于是,为更好地贯彻中央全面依法治国战略布局、建设法治政府,街道在组织机构优化上寻求突破,推动职能转变,在广泛征求群众意见、邀请专家学者论证后,于2017年8月成立法治建设委员会(以下简称法建委),整合辖区内综治、执法、武装、网格、流管、司法、信访、律师、志愿者等各类法治资源,形成以党的领导为核心、法建委统揽、内部指定流转的合作机制,对内进行依法决策的审核监督、对外服务于社会治理,为双流经济发展提供法治保障。如今,法建委的试水取得良好成效,已在成都市双流区全面推开,成为基层法治建设的创新成果。

一　动因和背景

三大难题当破而立

2015年中央出台《法治政府建设实施纲要(2015-2020年)》,法治政府建设便贯彻于西航港街道的各项工作中，当时间过半，对比要求我们进入了瓶颈期——街道面临着三大亟待突破的问题。不破则不立，法建委的创建就是街道正视问题寻求更好的解决办法所作的努力。

（一）基层依法治理难落实

党的十八届四中全会特别是十九大以来，中央提出了依法治国，实施乡村振兴战略，健全自治、法治、德治相结合的乡村治理体系等重大部署。各项法治红利需落实到基层，街道（乡镇）起着关键作用。由于街道无专门机构对接依法治区办，很多工作很自然就转到了辖区内的司法所，繁重的工作量让司法局不堪重负，工作很难推进下去。

西航港街道作为成都市双流区"法治空港""试验田"，有必要建立一个统揽基层法治工作的办事机构，完善基层法治制度机制，如此才能突破基层法治现实局限，破解基层治理难题，让中央各项部署在基层落地落实。

（二）群众法治需求难满足

目前，"七五"普法已经过了中期验收，经过近33年普法工作的开展，人民群众对物质生活有了更高追求，法治供给不平衡不充分与对美好生活向往的矛盾日益突出。在西航港，公共法律服务体系虽已逐渐完善，但体系庞杂未形成信息内部自动转移，群众对各部门的职责不清，导致办事试错成本较高，反反复复，造成"遇事找法、维权靠法"路径不畅。于是，利益诉求难以得到便捷、高效、优质的法治保障，致使人民群众"信访不信法""弃法转访"问题突出。

按照依法治理"落实到基层、落实靠基层"的要求，我们认为必须加快推动街道职能转变，在固定时段、固定地点、固定平台提供"一窗式"法律服务，只有拉近群众与法律的距离，满足群众多元化法治需求，解决关系群众切身利益的涉法问题，才能营造和谐发展的稳定大局。

（三）社会治理矛盾难破解

西航港街道的地理位置很特殊，处于高新区、成都天府新区和双流区的交界处，也就是城乡结合部，发展极其不平衡。最头疼的例子就是目前法建委所在地被几条主干道围在中间，但面前的路面却还是"天晴吃灰、下雨踩泥"的状态。街道常住人口超过 40 万，随着区域经济快速发展，城市化进程加快，流动人口大量涌入。这里既有本地的农转非人口，也有因产业引进而落户的新居民；有 1.8 万少数民族群众和 600 余人的外籍人士。老大难问题尚未彻底解决，新情况新矛盾又不断涌现，导致各类问题十分突出。

一是社会矛盾复杂多样。数据显示，2014 年至 2016 年，辖区治安刑事案件均突破 1700 件，2016 年达到 1975 件；2014 年街道接处群众投诉纠纷 1078 件，2016 年增至 4927 件；2017 年 1 月至 8 月法建委成立，街道共接处群众投诉 4761 件。传统矛盾黄赌毒邪等违法犯罪行为持续高发，房产交易、物业管理、劳资纠纷等引发的新型社会矛盾纠纷呈逐年增长趋势。辖区严峻的治安形势和涉法矛盾纠纷频发的现实，亟须一个统一的法治机构统筹化解，调和社会矛盾。

二是政府行政风险加剧。过去，街道少数同志习惯凭旧经验办事，法治观念不强的现象一定程度上造成了政府工作的被动，应诉和行政复议事项逐渐增多，政府依法执政、依法行政能力受到进一步考验。行政风险伴随法律风险点增多而同步加剧，亟须一个统一的法治机构征询审查，拱卫依法执政基础。

三是群众用法意识薄弱。因普法宣传形式较为单一、依法维权程序烦琐、部门协同不足等因素，导致群众形成依法维权专业性强、程序复杂、耗时误工、成本较高等固有思维，致使群众学法用法总体意识不强，"信访不信法"问题突出，加重了维护社会稳定压力。亟须一个统一的法治机构整合各系统政策法规资源，丰富普法用法手段，提升群众法治素养。

四是资源力量支离分散。政府部门法律单元众多，街道有综治中心、劳动调解、法律顾问，驻镇单位有派出所、司法所、法庭，社区聘请了法律顾问，同时高校法学院、律师事务所等众多社会法律资源丰富，但法治力量交叉重叠，资源整合不够，群众涉法诉求在各部门间长时间流转，问题久拖不决，法律整体供给能力不足。亟须一个统一的法治机构来整合法治资源，构建共商共建共治共享的格局。

二　主要内容

建机构整合法治资源　统揽基层法治工作

思路决定方向，行动决定结果。找到问题所在，我们就明确了创建法建委的尝试。但怎么建和怎么运行？因没有经验可循，我们只能摸着石头过河。

（一）怎么建？五步走

街道首先确定"充分科学论证、有效整合力量、加强制度建设、突出党的领导、运用科技手段"的思路，沿着这个思路我们逐步建成一个"党委领导、政府负责、社会协同、群众参与、智慧高效"的法建委。

第一步：明确组织核心，突出党的领导。

街道在筹建伊始就由街道党政主要负责人牵头推动组建工作，以保证该项工作的政治正确。该负责人还定期召开党工委会、书记办公会等5次会议，部署工作、听取进度、研究问题。在法建委架构上，我们压紧压实党政主要负责人履行法治建设第一责任人职责，由街道党工委书记和办事处主任分别兼任法建委主任、副主任，分管法治工作的党工委委员兼任委员会秘书长。后期运营工作在筹建时就明确，由党工委书记牵头，通过全体委员会议、议题审查会、专题会等定期不定期对街道法治工作进行研究部署。

第二步：梳理群众需求，组织专家论证。

2017 年 3 月，筹备之初，街道依托成都市双流区法律服务志愿者协会，采取入户调查、问卷访谈等方式，广泛收集群众涉法诉求和建议意见 3000 余条。同时，街道利用综治中心平台信息处理技术，抓取分析 7 万余件电子日志、事件统计和处置记录数据中涉法事件，分析群众矛盾集中点。

合法合规性论证同步开展，我们邀请专家学者分三个阶段进行。第一阶段是首次论证。2017 年 3 月，街道邀请四川大学法学教授谢维雁、棠湖律师事务所主任黄加彬等专家学者，就成立法建委的可行性展开首次论证；并成立筹备委员会，完成框架构想和启动准备工作。第二阶段是多方对合法合规性达成一致。三个月后，街道举办法建委建设理论研讨会，邀请省社科院研究生院院长夏良田、四川大学法学教授谢维雁、四川省司法厅法治宣传处副处长边疆、西南财大法学院副教授张欣、四川大学博士后吕辉、四川省"十大法治人物"高亮等专家学者，以及法制日报等媒体共 30 余人，就法建委的组织构架、工作方案、制度机制、职能职责等内容进行具体论证。这场会议吸收了法治领域各家之言，最终形成了《西航港创建法治建设委员会可行性方案》，大家一致认为创建法建委合法合规。至此，项目的推动有了实质性的进展。第三阶段则是对运行的操作性进行论证。随后的七月,我们邀请双流区委政法委、区依法治区办、司法局、编办等单位进行成立前的试运行论证,并依托四川大学法学专业实践教育基地,携手基地师生展开课题调研,以课题研究方式带动实际涉法问题解决,增强运行办法的专业性和操作性。

第三步:整合法治资源,建立合作形式。

法建委的关键是整合好法治资源,将松散的手指握成一个有力的拳头。于是我们经过摸索,由 15 个委员组成一个委员会,下辖一个法建委办公室和四个工作组,吸聚 N 个社会组织一起参与,形成法建委"114N"组织模式,确保资源统一调配、人员统筹使用。

为实现这一组织模式,首先要确定以党的领导为核心,牵动法建委的工作。所以,由街道党工委书记任法建委主任,办事处主任任法建委副主任,分管法治工作的党工委委员任法建委秘书长,由辖区内公安、法庭、司法、审计和省社科院、四川大学、西南财大、棠湖律师事务所、广都律师事务所、双流法律服务志愿者协会等职能部门、高校院所和法律组织负责人为委员,最终形成 15 名委员构成的委员会,统筹工作全局。法建委办公室负责具体事务协同办理,由街道正式职工二人、临聘人员一人、法律研究生和法律志愿者 4 人组成。法建委下设依法决策、学法用法、社会法治、矛盾化解 4 个工作组,负责具体事务协同办理。此外,法建委不断吸纳 N 个社会组织参与其中，利用更多资源助推法治建设。

整合资源需要统一的办公场所保障，我们在街道开辟出 600 平方米法建委办公区，实现法建委办公室、综治、执法、武装、网格、流管、司法、信访 8 个机构、53 名专职人员，以及律师、志愿者、法学研究生等社会力量集中办公。

第四步：完备制度机制，固化运行标准。

根据法建委的职能职责，按照基层法治建设的基本轨迹和内在逻辑，街道在完善规范文本和制式表格的基础上，建立了指定办理机制、决策审查机制和联系会商机制三项机制，从而保证法建委规范高效运行。

指定办理机制规定，涉及街道重大项目实施、重大矛盾纠纷调处、行政案件应诉、法律咨询援助等涉法工作，法建委将指定委员牵头推进，最大程度调动辖区内法治资源力量。决策审查机制要求对街道重大决策、重要文件、对外签订合同等进行合法合规性前置审查，先审查再出文，为街道党委政府依法决策、科学决策提供支撑，一改以前凭经验做决定的习惯路径。联系会商机制则规定定期组织委员召开联席会议，对街道法治建设进行研究，及时解决存在的问题，有效破除基层法治建设的部门壁垒。

第五步：开发软件平台，拓展服务空间。

新时代新方法，法治建设不能止步于传统思路，为了落实成都高质量发展部署，街道积极发挥法治点对点、去中心化、柔性介入、交互服务的技术优势，联手具有法律服务资质的"律金刚"网络平台公司，开发"社区大时代"手机 APP，增设"美丽西航港"微信公众号法治专栏，进一步拓展"互联网+"功能，推动从线下服务向线上服务的空间拓展，从而实现群众上门咨询到随时随地自助服务的提档升级。

（二）如何运行？五面抓

所有准备工作完成后，法建委便在实践中摸索着运行，一个个积压多年的问题倒逼着法建委快速"成长"。成立至今，这样的"顽疾"已经处理了 8 起。

如何操作要根据每个问题的具体情况来决定。辖区内的蜀星花园自2004 年交付后，业主就房屋产权办理问题陆续向开发商、街道、房管等部门咨询与反映，一直没有得到有效解决。随着时间推移，小区业主的落户、子女就学等问题逐步凸显。2017 年矛盾大爆发，从 3 月开始多次发生小区业主拦访、赴省市区集访的情况。这样的"烫手山芋"，法建委接到后，按照指定办理机制，引导第三方力量柔性介入，例如通过组织街道和社区力量、律师、志愿者深入小区逐户宣讲政策、释法疏导。同时搭建沟通平台，根据摸排掌握的情况，由街道党工委针对性地作出工作部署，再充分协调各方力量，解决目前业主的实际困难，降低不满值，缓解对立情绪。对于还没有解决问题的业主，引导其理性维权，通过努力目前有 1/3 上访业主将通过司法途径解决矛盾，95% 以上的业主已息访。

陈年问题的解决证实了整合资源多方协作的法建委模式，我们更加确定以"群众认可、规范便捷、智慧专业、费省效宏"为法建委的核心关键和检验标准，继续围绕"好用、管用、低费用"目标形成完善共商共建共治共享治理制度机制。

从个例延伸至普遍，法建委简化了办理流程，采取措施保证法建委职能发挥，并做到智慧共享广覆盖，将法治建设的成果送进万家。

1. 简化流程集中办

在西航港，街道打造建设标准化公共法律服务大厅，设置法建委"一窗式"服务窗口和 68661890 "一拨就灵"服务热线，解决群众找法途径不畅的问题。梳理并制作《西航港街道法治服务清单（试行）》和《便民服务指南》。其中，《西航港街道法治服务清单（试行）》涵盖了社事、安监、规建、统筹、劳保、文化、公安、妇联等 20 多个科室及行业 4 个大方面 12 类 382 项的内容。法建委通过这一表（法治服务清单）、一图（便民服务指南）、一账（受理登记本）、一档（调解协议书），简化群众诉求受理流程，通过"统一受理——按责分拨——分类处置——及时反馈"内部闭环处理流程，压缩内部办理环节。

按照这个流程，简单事项群众可以在窗口实现咨询调解"快处"办法，复杂积案窗口将向涉及单位转递《协助办理告知书》，拟制方案跟踪办理，群体涉法事件则启动紧急程序分类处置。总之，我们要让群众在最短时间内获得涉法服务，最终实现群众"只进一个门、办完所有事"的便利。

据统计，法建委成立以来，共为群众提供免费法律咨询341次，成功调解矛盾纠纷167件，应诉案件结案34件，目前18件在审。

2. 智慧共享广覆盖

除了线下的窗口服务，街道按照街道出资购买服务，群众免费享受的方式，运用"社区大时代"手机APP，推广"互联网＋法律"模式，推动辖区法治服务广泛覆盖。在APP上，律师在线为群众提供法律咨询等免费服务，实现涉法需求普遍覆盖。正在开发的人工智能法律机器人，将为群众提供24小时无休自助服务，实现基本法律服务全时段覆盖，让数据多跑路、群众少跑腿。我们还借助超级WIFI、大数据分析，实现社情民意智能调查和安全隐患提前预警，便于政府提前介入涉法事件，及时化解矛盾风险，达到费省效宏目标。

3. 协同联动多方管

要实现以上工作的顺利进行，法建委内部有一套自己的分工。除了日常工作的处理，下辖的四个工作组各司其职，以自身为载体平台，吸聚叠加高校法学院、律师事务所和法律服务志愿者协会等"N"个社会组织，共同形成"1+N"联动共治格局，握指为拳，共同处置涉法问题。

依法决策工作组，由委员会秘书长牵头，协同法律专家、法律顾问，共同为党委政府行政决策提供服务。学法用法工作组，由司法所长牵头，协同高校法学院、派驻法庭、检察院、社工组织等社会力量推进普法宣传与公共法律服务。社会法治工作组，由街道综治办主任牵头，协同派出所、综合执法中队等力量，全面加强辖区治安防控和社区发展治理。矛盾化解工作组，由街道综治办主任牵头，协同司法、信访、法院、检察院、派出所等部门，与各类调委会、律师事务所、法治宣传协会等第三方社会力量，开展法律咨询、援助、调解等服务，推动矛盾纠纷化解。

截至目前，街道依托法建委开展普法宣传、法律咨询、个性化法律援助 400 余次，派出所非警务事件出警次数同比下降 18%，协调解决征地拆迁、婚姻家庭、物业管理等矛盾纠纷 167 起，在群众中逐渐形成法建委"管用"的普遍共识。

4. 多措并举扩影响

为提升法建委服务效果和治理能力，法建委采取了一系列举措拓展法建委职能的外延，让老百姓享受到法治建设的实惠。

在学术领域里，我们与四川大学法学院合作，设立"四川大学法学专业实践教育基地"，不断更新自身的法学理论，同时吸收法学专业的学生参与到西航港法治建设的实践中，形成有效互动。在社会资源里，我们与成都市双流区法律服务志愿者协会合作，设立协会"西航港工作站"，由二名法学专业研究生和二名法律服务志愿者长驻大厅提供咨询、调解、文书指导等法治服务。在基层阵地上，我们在 16 个社区设立法建委社区接待点，将法治服务向群众身边延伸。

与之配合，街道在机制上也做了调整。一是建立社区议事会会前学法制度，指导各社区每月一次开展议事会会前学法，引导群众"遇事找法"。二是建立行政诉讼负责人出庭应诉制度，2018 年街道负责人出庭应诉率达到 100%。

5. 加强宣传保实效

由于法建委是一个新鲜事物，街道综合运用报刊、广播、微信、微博等媒体手段，举办"法治空港·律动西航"、"12·4 宪法宣传"等专题法治晚会，利用坝坝会、议事日、问政日、党员固定活动日等时间节点，将其广泛宣传，让辖区群众尽快知晓了解、主动接受、自发运用法建委这一"好用"法治平台。

街道编印了"西航港街道法治服务手册"，搜集整理辖区内典型案例，以漫画形式呈现，作为群众遇事参考，引导合理合法解决涉法问题；并依托志愿者，深入辖区 125 个小区进行广泛发放宣传。2018 年 8 月，我们开通了公共法律服务直通车，随车律师和志愿者深入小区为居民免费提供纠纷调解、法律咨询、文书拟写指导、普法宣传等，拉近群众与法律的距离。在线上，"社区大时代"手机 APP 不仅提供法律服务，同时也是普法宣传的一个渠道，通过以案说法等普法产品让大家自助学习。

三　主要成效

促提升促稳定　增加群众法治获得感

2017 年 12 月，中共双流区委《关于推广建立镇（街道）法治建设委员会的实施意见》下发到各个乡镇（街道），西航港法建委的思路在短短四个月得到实践的印证，随即在全区 12 个乡镇（街道）推开。我们信数据，但也信法建委成立以来切身感受到的变化——街道从三个方面产生了实效。

（一）促进了街道依法行政能力提升

法建委通过优化组织架构、明确职能职责、固定办公场所等途径，将原本支离分散的涉法资源，集中整合在一起，切实优化了人员、机构配置，形成了统一、规范、高效的基层法治力量，逐步在共建共治共享的基层治理格局中为街道依法执政、依法行政提供法治硬支撑。法建委通过前置会议审查环节，固化法治研判流程，将党委政府"研究决定"，变成了委员会"多方论证"；将法律顾问被动"咨询"，变成委员会主动"审查"。法建委成立以来，共审查重大议题 7 项、合同 144 份，及时发现并纠正风险问题 67 处，向街道提交《专家意见书》2 份，有效规范了行政行为，最大程度防范了法律风险。

（二）促进了社会大局和谐稳定

法建委在治安防控、矛盾调处、多元化解等方面都发挥着举足轻重的作用。自其 2017 年 8 月 11 日挂牌运行以来，街道刑事案件发案数同比下降 27%，当年第四季度信访量环比下降 24%，成功摘除"违法犯罪警情突出重点整治区域"帽子，10 年来首次实现重大时间节点"零进京"。

在化解基层矛盾纠纷方面，法建委可调动多方资源、集中力量攻关。例如，成白路社区居民张某因缺乏法律政策观念对安置补偿期望过高，作为"钉子户"拒不拆迁长达10年，多次到省市区甚至进京上访。法建委成立后，将张某作为重点对象，安排律师和志愿者委员以第三方身份多次入户，耐心听取诉求，细致开展政策宣传与法规讲解，在消除疑虑中逐步降低其期望值。同时，协调相关职能部门依法解决其社保购买等具体问题，最终顺利签订拆迁协议。

此外，法建委协调规建、信访等科室，先期介入景茂郦府开发商延期交房导致与89户业主的纠纷，将即将形成的群体性事件控制在萌芽阶段。会同区级执法部门、统筹办等职能科室介入蓝润华府春天、南城锦尚等商品房小区物业纠纷，依法依规明确开发商、物业和业委会的职责，引导业主回归协商处理途径，及时化解矛盾，有效制止业主上街拦路等过激行为。

（三）促进了群众用法意愿增强

发挥法建委搭建平台普法释法，以及提供"一揽子"法律援助的作用，帮助群众树立"遇事找法、维权用法"的意识和信心。光明社区居民黄某，因房屋拆迁问题6年来多次上访，经法建委多个小组通联协作，宣讲政策的同时辅以专业的法律服务，成功引导其从信访转由司法途径解决。蜀星花园、学府润园百余户业主因小产权房办证问题，多次堵路拦访、赴省集访，经法建委逐户宣传政策、释法疏导，并积极协调相关部门帮助其解决衍生的子女就学难等问题，逐步化解矛盾、赢得信任，目前95%以上的业主已息访。群众"信访不信法、找人不找法"的局面正在逐步扭转。

图书在版编目（CIP）数据

中国法治政府奖集萃. 第五届 / 中国政法大学法治
政府研究院主编. -- 北京：社会科学文献出版社，
2018.12
　ISBN 978 - 7 - 5097 - 6096 - 3

　Ⅰ.①中…　Ⅱ.①中…　Ⅲ.①国家机构 - 行政管理 -
中国 - 文集　Ⅳ.①D630.1 - 53

　中国版本图书馆 CIP 数据核字（2018）第 295209 号

中国法治政府奖集萃（第五届）

主　　编 / 中国政法大学法治政府研究院

出 版 人 / 谢寿光
责任编辑 / 刘骁军
文稿编辑 / 关晶焱　赵瑞红

出　　版 / 社会科学文献出版社（010）59367161
　　　　　　地址：北京市北三环中路甲 29 号院华龙大厦　邮编：100029
　　　　　　网址：www.ssap.com.cn
发　　行 / 市场营销中心（010）59367081　59367083
印　　装 / 三河市龙林印务有限公司

规　　格 / 开 本：787mm × 1092mm　1/16
　　　　　　印 张：18.5　字 数：256 千字
版　　次 / 2018 年 12 月第 1 版　2018 年 12 月第 1 次印刷
书　　号 / ISBN 978 - 7 - 5097 - 6096 - 3
定　　价 / 98.00 元

本书如有印装质量问题，请与读者服务中心（010 - 59367028）联系